FILM DIRECTOR

개인의 이야기로 보편적 집단과 소통하는 사람

JOBS
FILM DIRECTOR
영화감독: 개인의 이야기로
보편적 집단과 소통하는 사람

REFERENCE by B

«영화감독: 개인의 이야기로 보편적 집단과 소통하는 사람»을 펴내며

사람마다 제각기 선망하는 직업은 다를 겁니다. 선망의 기준은 경제력이나 영향력일 수도 있고, 안정성이나 화제성일 수도 있습니다. 혹은 그 직업이 막연하게 도달할 수 없는 경지로 여겨져 선망하게 되는 경우도 있습니다. 제겐 영화감독이라는 직업이 그렇습니다. 요즘 표현으로 치자면 완벽한 '육각형 인재'로 느껴진다고 해야 할까요. 창작부터 관리까지, 역량의 폭이 넓어야 함은 물론, 이야기를 깊이 있게 다루는 소양까지 갖추고 있어야 비로소 훌륭한 영화감독으로 인정받습니다. 그런 측면에선 《잡스》에서 다뤘던 건축가와 비슷하다고 볼 수도 있겠네요. 영화감독의 영어 표현은 'Film Director'입니다. 디렉터라는 단어가 붙는다는 것은 곧, 전문 기술이나 개인기 하나만으로 일을 완결할 수 없다는 의미이기도 하죠. 실제로 영화감독의 일이 그렇습니다. 작게는 수십에서 많게는 수천에 가까운 인력을 하나의 목표로 이끄는 집단 작업을 하면서, 동시에 뾰족한 관점과 미학을 가지고 개인의 목소리를 담아내야 합니다.

《잡스-영화감독》에서 만난 6인의 영화감독은 서로 배경, 경력, 커리어의 방향은 다르지만 영화감독의 작업에서 숙명적일 수밖에 없는 '균형을 맞추는 일'에 대해 누구보다 진지한 이야기를 들려줬습니다. 그들은 내가 하고 싶은 이야기와 관객이 보고 싶어 하는 이야기,

오리지널리티와 레퍼런스, 극장 같은 전통적 플랫폼과
OTT처럼 더 많은 사람이 경험할 수 있는 플랫폼,
자원의 제약과 작품의 완성도 사이에서 끊임없이 밀고
당기는 일을 반복합니다. 그래서일까요. 각자 해법과
노하우는 다르지만, 영화감독이 갖춰야 할 재능으로
공통되게 '커뮤니케이션'과 '설득'을 꼽는다는 점은
매우 흥미로웠습니다. 저 역시 《잡스》에 실린 인터뷰를
하나하나 읽으면서 좋은 영화감독은 탁월한 리더이자
협상가일 수밖에 없음을 확인했습니다. 아마 독자
여러분도 어떤 리더, 혹은 어떤 협상가가 되어야 할지에
대한 힌트를 6인의 감독에게서 얻어낼 수 있을 것입니다.

마찬가지로 작가적 기질을 가진 영화감독의 개인적
면모를 살피는 일도 흥미롭습니다. 빛과 어둠을 다루는
조명, 촬영과 편집, 대사와 스토리텔링, 움직임의 동선,
그리고 음악과 미술을 망라하는 종합예술로 불리는 영화
작업을 이끈다는 것은 하나의 세계를 창조하는 일과
같습니다. 가상의 시공간을 건축하고 이를 붕괴시키는가
하면, 그냥 지나쳤을 현실의 미미한 순간에 빛을 비추기도
하죠. 때론 존재했던 역사를 상기하고 물음표로 남았던
빈자리를 채워넣기도 하고요. 한 사람의 상상에서 비롯된
은밀한 세계관이 스크린 앞에 앉은 누군가의 시간을
점유하고 단절하며 적극적인 리액션을 이끌어낸다는

점에서 영화감독은 끊임없이 자신들의 작업에 매료되는 것이 아닐까 싶습니다. ⟨마스크걸⟩을 연출한 김용훈 감독은 이를 "자기만의 세계를 구축하고 그 세계로 사람들을 초대하는 일"이라 정의했고, 김지운 감독은 "지금 눈앞에 펼쳐지는 세계를 몰입과 몰아의 상태로 만드는 것"이라고 표현하기도 했죠.

«잡스»를 만나 '개인'과 '팀'으로서 영화를 만드는 일에 대해 진솔한 이야기를 들려준 6인의 감독 덕분에 저는 앞으로도 계속 영화감독이라는 직업을 선망하며 그들의 세계에 빠져들 수 있을 것 같습니다. 바쁜 일정 속에서도 기꺼이 시간을 내어주신 김용훈, 김지운, 이성진, 장항준, 하마구치 류스케, 한지원 감독님께 감사 인사를 드리며, 매거진 «B»의 조수용 발행인과 나눈 인터뷰를 시작으로 독자 여러분을 영화감독의 세계로 초대합니다.

영화감독은 익숙하면서도 오묘한 포지션에 있는 직업인데요, 직업이면서 직함(명성)의 의미도 가지죠. 영화감독은 어떤 일을 하는 사람일까요?

엄밀히 본다면 영화를 디렉팅하는 역할만을 영화감독으로 부르기는 조금 어렵다고 생각해요. 데뷔 이후의 영화감독은 매 편마다 사업 기획서를 쓰는 사람에 가깝거든요. 기획서를 쓰고, 기획 단계에서 투자자들로부터 투자를 끌어내는 거죠. 각본을 포함해 영화 한 편을 만들기 위한 구성을 저는 사업 기획서에 빗댈 수 있다고 봐요. 단지 그 기획서가 스토리를 가진다는 게 차별적인 셈이죠. 비상업적 발상으로 시작해 상업적인 상품으로 비전을 다듬고 투자자로부터 투자를 이끌어내 제작이 확정되면 그때부터 비로소 감독으로 불리게 돼요. 그 단계를 넘지 못하면 준비생, 지망생일 뿐이고요. 곧 영화감독이냐 아니냐의 분기점은 투자 단계에 있다는 뜻이기도 해요. 제가 여러 인터뷰에서 모든 비즈니스는 자본과 감각의 만남이라고 얘기하곤 했는데, 영화도 이 공식에 정확히 일치합니다. 자본이 스폰서가 될 때 비로소 감각이 꽃을 피울 수 있죠. 투자가 이루어지고 나면 영화가 실패하든 성공하든 영화감독으로 남을 수 있고요. 그래서 영화감독은 매우 창의적이고 예술적인 직업이면서 동시에 굉장히 자본주의적인 직업이라고 정의할 수 있을 것 같아요.

그런 면에서 건축가와도 비슷하네요.

유사한 면이 많아요. 극소수의 유명한 건축가들이야
클라이언트보다 더 많은 권한을 가지고 본인이 하고 싶은
작업을, 남의 돈으로 남의 땅에 하기도 하지만요. (웃음)
영화감독 역시도 이런 대우를 받는 분들은 아주 소수고,
일반적인 건축가와 영화감독은 클라이언트가 선택한
시점부터 업의 본질이 작동됩니다. 자본과 작업의 결과
사이에서 끊임없이 균형을 맞추는 싸움을 하죠.

요즘 많은 영화감독들이 그런 이야기를 합니다. 상상력이나 미학도
중요하지만, 영화를 만든다는 건 한정된 예산으로 작품 하나를
운영하는 것에 대한 감각이 더욱 중요한 일이라고요.

예전에 누군가에게서 그런 이야기를 들은 기억이 나요.
영상 작업에선 예산을 정하면 어떻게든 그 예산에
맞게 결과물을 만들어낼 수 있다고요. 똑같은 신
(scene)을 하나는 10만 원, 하나는 10억으로 찍을 수
있다고 가정하면, 둘 다 충분히 구현 가능하다는 거죠.
예를 들어 우주를 배경으로 하는 장면이라면 까만 종이에
반짝이는 점을 찍고 촬영할 수도 있고, 황량한 대륙에 직접

제작진을 데리고 로케를 가서 가장 좋은 장비로 양질의 영상을 찍을 수도 있다는 거예요. 비용이 많을수록 더 좋은 결과가 나오는 단선적 관계가 성립하지 않기 때문에, 예산에 대한 수용적인 태도가 오히려 창의성을 만들기도 한다는 것이 흥미로워요.

자기 회사를 가지고 있는 감독들도 있지만, 대개의 영화감독은 프리랜서인데요, 프리랜서로서 영화감독은 어떤 직업적 태도를 갖게 될까요?

일반 기업에 소속된 직원의 관점에서 보면 이력서나 입사 지원서를 쓰는 경우는 있어도 지속해서 사업 기획서를 쓰는 경험은 흔치 않아요. 그런데 영화감독은 어떤 영화에 대한 기획을 계속 정돈해 가는 것이 가장 중요한 출발이자 과정이라 볼 수 있어요. 그 일이 곧 직업이고 그로 인한 결과나 성과는 간헐적으로 나타나죠. 만약에 영화감독이 되고 싶다고 누군가 제게 조언을 구한다면 단순히 스토리텔링을 하는 일이라 여기지 말고, 하나의 사업으로 접근해 기획서를 써보라고 말할 겁니다.

이때 사업 기획서의 핵심은 뭐라고 생각하나요?

영화를 사업으로 봤을 때 재료는 스토리일 거고 그 다음은 영화에 투여되는 자본과 리소스죠. 그 계산을 어느 정도로 구체화할 수 있는가, 그리고 그 자본과 리소스로 영화를 완성해서 얻게 될 것을 얼마나 섬세하게 예측할 수 있는지까지 포함하는 거예요. 이 스토리가 너무 재미있지 않느냐는 발상만으로는 사업 기획서를 완성할 수 없어요. 이야기라는 원천을 들고 이만큼을 투자해서 이렇게 만들어내면 이런 사람들이 이 정도로 좋아할 거고, 그 효과는 어디까지 미칠 것이라는 큰 그림을 보는 거죠. 제가 많은 영화감독을 만나본 것은 아니지만 유능한 감독은 본능적으로 작품을 바라보는 시야를 넓혔다 좁히기를 반복할 겁니다.

영화감독이라는 존재를 확실하게 각인시킨 대상이 있나요? 저런 사람이 영화감독이 되는구나 혹은 영화감독이란 이런 사람이구나 하고 생각한 감독이 있었는지 궁금합니다.

저는 파올로 소렌티노(Paolo Sorrentino)의 작품을 보면서 영화감독의 일에 대해 많이 곱씹어보게 되었어요. 물론 이 감독의 모든 작품이 다 좋지는 않아요. 난해한 작품도 있고, 해석이 잘 안되는 경우도 있고요. 그럼에도 소렌티노 감독을 늘 관심 있게 보는 이유는 강력한 메시지를 담지만 그것을 진지하게 풀기보다 가볍게 바라보고자 하는 시선이 느껴지기 때문이에요. 게다가 영화 속 모든 장면, 장면이 하나의 엽서처럼 보일 정도로 높은 완성도를 갖추고 있어요. 그게 꼭 영화적으로 좋다는 건 아니지만, 소렌티노 감독 입장에서는 영화를 만드는 일이 너무 신나고 재미있겠다는 생각이 들더라고요.

영화라는 매체가 정서적으로 많은 영향을 미쳤다고 이야기한 적이 있는데요, 특히 학창 시절에 영화를 통해 세상을 바라보는 시간을 즐겼다고요. 왜 영화였던 건가요?

지금 와서 생각해 보면, 세상을 보는 관점을 키우는 데는 영화보다 책이 더 적합한 매체 같아요. 책은 여러 측면에서 비어 있는 영역이 많아 그 빈 곳을 자기의 상상력으로 채울 수 있잖아요. 그런데 어린 시절의 저는 책을 붙들고 보는 걸 좀 어려워했던 것 같아요. 영화를 훨씬 더 좋아했죠. 영화를 통해 다른 사람의 생각과 삶을 투사해서 경험했고, 그것이 반복되며 엄청난 양이 제 안에 누적되었어요. 특정 영화가 구체적으로 영향을 줬다기보다는 다양한 군상의 인간들이 여러 환경에서 어떻게 말하고, 행동하고, 해결하는지를 살핀 것 같아요. 거기서 제 나름대로 관찰자의 시선이 생긴 거죠. 그러다 보면 어느 순간에 두세 번 반복해 보게 되는 영화들이 생기는데, 그때 대사나 카메라앵글이나 빛 같은 세부 요소에 집중해요. 연출자나 촬영감독, 편집자의 눈으로 작품을 보기 시작하면

상당히 재미있거든요. 영화 자체에서 살짝 빠져나와서 메타인지를 하게 되는 거죠. 그렇게 한 작품을 분해해서 제작 과정을 상상하는 게 더 영화처럼 느껴지기도 해요.

영화를 보는 감상 행위가 영화 자체보다 더 영화처럼 느껴진다는 말이 흥미롭네요.

영화에 대한 다른 관점이 생기는 거죠. 스토리는 별로인데 영상만큼은 너무 좋았다든지 이런 식으로 구분해서 영화를 보게 되기도 하고요. 그런 감상 경험을 반복하다 보면 어느 순간부터는 엔딩 크레딧도 꼼꼼하게 보게 되어요. 처음에는 감독, 배우만 보다가 좀 지나면 각본과 각색, 더 나아가서 촬영감독, 음악감독도 보고 그러다가 제작사와 투자사의 성향을 파악하는 수준에 이르기도 해요.

가장 중요한 영화감독의 자질은 뭘까요? 영화감독들에게 직접 물었을 때는 설득과 커뮤니케이션을 가장 많이 언급했습니다.

개인적으로는 두 가지 능력을 꼽고 싶어요. 하나는 시공간을 상상하는 능력. 시공간에 대한 상상을 얼마나 구체적으로 할 수 있는가. 매사를 영화처럼 떠올리고, 내 상상 속에서 벌어진 걸 마치 직접 본 것처럼 다시 재현할 수 있느냐는 건데요, 촬영감독, 조명감독, 미술감독, 음악감독 같은 전문가들을 만나 높은 레벨의 디렉션을 줘야 하는데 그 상상력이 있어야만 각 전문가의 언어로 소통할 수 있거든요. 이어서 두 번째로는 계속 강조해서 언급했던 사업 기획에 대한 능력이에요. 영화 작품을 하나의 비즈니스 패키지로 보고 큰 시야를 가지고 설득하는 능력. 이 두 가지가 가장 기본적인 능력이 아닐까요.

설득이라는 단어를 언급했는데, 좋은 설득을 정의한다면요?

영화에서 좋은 설득이란, 듣는 순간 '이게 우리에게 꼭 필요한 이야기'라는 확신을 주는 것일 텐데요, 기획이나 시놉시스를 처음 들었을 때 가슴이 울리는 것처럼 무언가 직관적으로 가닿는 게 가장 중요한 것 같아요. 직관적으로 와닿는 이야기들은 대부분 단순해서 뻔하다고 여겨질 수도 있어요. 그래서 불안감에 몇 번을 꼬게 되는 경우가 많고, 그렇게 꼬다 보면 설득력이 점점 떨어지게 되겠죠. 지극히 상식적인 이야기여야지 설득도 쉬워져요. 대개 상식적인 이야기는 마지막에 허망하게 느껴질 정도로 명쾌하게 정리가 되거든요. 좋은 메시지를 지닌 영화들은 다 똑같아요. 모두가 알고 있는 메시지를 새롭게 느끼도록 해주죠.

Hangjun
Chang

장항준

Seoul

01

장항준은 2002년 ‹라이터를 켜라›를 첫 작품으로 선보인 이
객에게 온전히 전달할 수 있는 최상의 매체라고 생각하는 그
오래 남고 싶다고 고백한다. 솔직하고 소탈한 성격 덕분에 예
전이나 지금이나 영화를 만들 때 가장 전심으로 임한다.

년 넘게 영화를 만들어왔다. 영화야말로 자신이 꾸는 꿈을 관통하며 만들어가는 과정의 즐거움을 알기에 누구보다 현장에서도 종종 맹활약하며 대중에게 친근한 캐릭터로 비치지만, 예

끝까지 포기하지 않고 현장에 오래 머물고 싶어요

서울 마포구 상암동 미디어랩 시소 사옥,
2023년 6월 9일 오후 3시

누구에게나 리바운드 기술이 필요한 시기가 있다

코로나19를 기점으로 사람들이 전보다 영화관을 덜 찾는다는 소식이 들립니다. 한 편에 15,000원가량 하는 티켓값을 내고 영화관에 가느니 집에서 그보다 저렴한 요금으로 구독 중인 OTT[1]를 보는 거죠.

한국영화는 평균적으로 홀드백(hold back)[2] 기간이 짧아요. 할리우드 영화나 일본 영화는 평균 3개월에서 6개월 정도 후에 OTT에 풀리는 반면, 한국영화는 빠르면 2~3주, 늦어도

[1] 영화, TV 방영 프로그램 등의 미디어 콘텐츠를 인터넷을 통해 소비자에게 제공하는 서비스.

[2] 한 편의 영화가 다른 수익 과정으로 중심이 이동할 때까지 걸리는 시간을 뜻하는 말로, 극장 개봉 후 영화의 온라인 서비스 (OTT) 공개를 일정 기간 유예하는 의미로 쓰이기도 한다.

석 달 안에는 OTT에 신작이 올라오니까요. 영화관을
찾은 관객들 입장에서는 조금만 기다리면 OTT에 풀리니
높아진 티켓값을 내면서까지 보게 되진 않죠. 얼마 전에도
업계 관계자들과 이야기를 나눴는데, 단기간에 바뀌긴
힘든 현상이라고 하더라고요. 조금만 기다리면 저렴하게
볼 수 있다는 인식이 이미 생겨버렸고, 투자배급사에서는
어차피 장사가 안 될 거라면 하루라도 빨리 넘겨야 이익이
더 남으니까요. 극장 상영 중인데 OTT에 올라가는 경우도
종종 있잖아요. 여러 원인이 엉켜 있어서 영화인들도
고민이 많습니다. 협약을 통해 홀드백 기간을 개선하지
않으면 '우린 다 파멸'이라는 자조 섞인 목소리도 나오고,
가격 경쟁력을 위해 티켓값을 내려야 한다는 말도 심심치
않게 들려요.

한국영화가 비약적으로 도약하던 1990년대 초반에 연출부 생활을
시작했으니 지금 상황이 더 대조적으로 느껴지기도 하겠어요.

1990년대가 한국영화의 르네상스라고 불리는 이유는
그때까지 안 해본 시도가 너무 많았기 때문이에요. 지금은
흔하디 흔한 로맨틱 코미디 장르조차 없었던 때니까.
공포영화도 ‹월하의 공동묘지›(1967)[3] 이후로 거의
나오지 않았으니 ‹여고괴담›(1998)[4]이 개봉했을 때는
다들 놀랐죠. 검열이 사라지면서 대기업도 문화산업에

투자하는 분위기가 형성되었고요. 소설을 영화화하는 등 기발한 영화가 여러 편 만들어졌죠. 이때와 비교하면 요즘은 안전한 영화를 선호하는 추세이긴 해요. 좀 더 다양한 영화가 나오면 좋겠는데 말이죠. 그래야 관객들도 자신의 취향을 찾는 데 마음이 열리고, 마음이 열려야 다양성이 확보되잖아요. 다행히 한국은 웹툰에서 가능성을 보고 있어요. 웹툰에서 검증된 작품을 영화로 만들어서 스토리의 새로움이나 연출로 호평을 받은 경우가 많고, 시장 반응도 좋았어요.

어느덧 데뷔작을 낸 이후 20년 넘는 시간이 흘렀습니다. 영화 〈리바운드〉[5]에서 리바운드는 '실수나 실패를 만회할 기회'를 상징하는데, 영화 인생에서 리바운드 기술을 구사했던 순간이 있었을까요?

2017년에 개봉한 〈기억의 밤〉[6]을 작업하기 전이었을 거예요. 영화작업을 하지 않던 기간이 꽤 오래

3   권철휘 감독의 공포 영화. 한을 품은 여성 귀신과 권위적인 남성 중심 전통사회의 충돌을 그려내며 한국 공포 영화의 정형을 제시했다는 평가를 받는다.

4   한 여자 고등학교에서 벌어지는 의문의 사건을 그린 박기형 감독의 공포 영화. 왕따, 학교의 부조리, 교사의 부도덕성을 다루며 잘 짜인 각본과 공포 장치로 호평받았다.

5   2023년 개봉한 장항준 감독의 영화. 부산중앙고등학교 농구부의 기적 같은 전국대회 연승 실화를 다뤘다.

6   새집으로 이사 온 날 밤 정체불명의 괴한들에게 납치된 형 유석과 기억을 잃은 채 돌아온 형이 의심스러운 동생 진석의 이야기를 그렸다.

이어졌어요. 2003년에 ⟨불어라 봄바람⟩[7]이 개봉한 이후로 상업영화를 찍지 않았으니 소위 '잊혀진 감독'이 된 상황이었죠. 그 와중에 제가 예능 프로그램에 출연하니까 "이제 장항준은 영화 안 만든다"는 소문이 돌더라고요? 그런 말 한 적 없는데. (웃음) 실상은 만들던 영화가 하나둘 엎어지다 보니 저도 동력을 잃은 거였거든요. 그러던 차에 영화제작자 장원석[8] 대표가 찾아왔죠.

워낙 친분이 깊은 사이잖아요. 장 대표가 던진 회심의 한마디는 무엇이었나요?

"감독님, 이제 예능 프로그램 나가지 마세요." 제 이름이 감독 리스트에서 제외되고 있다고 하더라고요. 그러면서 "하고 싶은 이야기가 뭔지는 모르겠지만 당장 쓰라고, 쓰기만 하면 책임지고 제작해주겠다"고 했어요. 그래서 그다음 날부터 쓰기 시작했죠. 그렇게 ⟨기억의 밤⟩ 시나리오를 중간쯤 썼을 때 한 번 더 보내줬는데, 너무 재미있다고 뒷부분도 빨리 쓰면 투자도 받아오고 캐스팅도 원하는 대로 다 해주겠다는 거예요. 그래?

7   한 건물에 사는 좀팽이 집주인 선국과 세입자 화정의 이야기를 담은 장항준 감독의 코미디 영화. 김승우, 김정은이 주연을 맡았다.

8   비에이엔터테인먼트의 대표이사이자 유명 영화제작자. ⟨왕의 남자⟩ 제작실장 출신으로 ⟨범죄도시⟩ 시리즈 등 다수의 흥행작을 제작했다.

(웃음) 마저 빨리 썼더니 말한 대로 전부 해줬어요.
농구로 치면 슛을 던져도 자꾸 안 들어가니까 대충
플레이하다가 그마저도 체력이 떨어져 코트에서 내려와
뛰지 않던 상황이었는데, 장원석 대표가 다시 코트로
올려보낸 거죠. 겁내지 말고 슛을 쏘라고. 제게는
리바운드 기술이 '주변에 있는 좋은 사람'이었던 셈이죠.

영화가 엎어지는 일이 꽤 자주 일어나는 걸 보면 영화감독은
리스크가 큰 직업이라는 생각도 들어요. 실화 소재로 준비했던
작품인 '꿈의 시작'[9]도 비슷한 이유로 제작에 들어가지 못했다고
알고 있어요. 이런 리스크에는 어떻게 대처해왔나요?

예전에는 좌절한 채 몇 달을 보냈지만 언젠가부터
바로 다음 작품을 구상하는 데 돌입해요. 엎어진다
해도 걱정하고 슬퍼할 시간이 없거든요. 그나마 현재
감독으로 활동하는 사람들은 1000대 1의 경쟁률을
뚫은 거나 마찬가지예요. 제가 스스로 칭찬해주고
싶은 점도 딱 하나인데, 포기하지 않고 지금까지 하고
있다는 것. 결국 영화는 오래 하는 게 중요하거든요.
아마 모든 감독의 꿈은
클린트 이스트우드(Clint
Eastwood)[10]일 걸요?
현장에 오래 있고 싶다면

> 9   1954년 스위스
> 월드컵에 처음 출전한 한국
> 축구대표팀의 애환을 다루려고
> 했던 영화의 가제.

엎어진 채로 시간을 너무 끌면 안 돼요. 문제는 희망 고문이 계속된다는 건데.

희망 고문이요?

뭔가 될 것 같은데 극적으로 또 안 돼. (웃음) 이런 일이 징검다리처럼 계속 있어요. 중간중간 희망이라는 징검다리가 나오는데, 어느 순간 그게 다 헛된 희망이라는 걸 알게 되어요. 그럼 그때부턴 희망 고문으로 바뀌는 거죠. 아, 이게 고문이구나 싶어 좌절하는 순간 다시 희망이 찾아오고 또다시 좌절하고. 이런 반복을 이어가다 보면 어느새 엄두도 못 내던 강을 건너 있어요. 돌아보면 그걸 어떻게 다 견뎠나 싶죠.

멘탈 관리가 중요하겠어요.

그렇죠. 좀 무던한 편이 좋아요. 밖에서 보는 것보다 안에서는 많은 일이 일어나거든요. 한 편의 영화가 세상에 나온다는 게 생각보다 쉽지 않은 일이에요.

10   미국의 배우 겸 영화감독. 〈석양의 무법자〉, 〈더티 해리〉 등에 출연하며 큰 인기를 끌었고, 맬파소 프로덕션(Malpaso Productions)을 차려 〈용서받지 못한 자〉, 〈밀리언 달러 베이비〉 등의 영화를 통해 감독으로서도 높은 평가를 받았다.

준비된 자가 기회를 잡는다

웹 콘텐츠 '씨네마운틴'에서 "어떤 소년이나 소녀가 태어나 어떠한 환경 속에서 영향을 받고 성장하고 좌절하다 결국 영화를 하게 되었는지, 그 과정이 중요하다"고 말한 적이 있어요. 이 말을 들으니 당신의 10대 시절이 궁금해지더군요.

인생에서 가장 좋았던 시절이에요. 어렸을 때부터 부모님과 주변 사람들의 사랑을 많이 받았거든요. 좀 모자란 구석이 있었는데, 귀엽다는 이유로 사랑을 독차지했죠. 형이 공부를 잘했고 동생도 똑똑했기 때문에 둘째인 저는 하고 싶은 건 다 할 수 있었어요. 어차피 공부는 안 될 것 같다는 느낌이 왔나? (웃음) 종일 나가서 친구랑 놀고 집에선 티브이 보고 그랬죠. 아버지가 영화를 정말 좋아하셔서 주말이면 티브이 앞에 앉아서 〈토요명화〉를 같이 봤어요. 제가 방에서 공부하는 척하면 노크 소리가 들려요. 그러면 못 이기는 듯 나가서 아버지와 밤늦게까지 영화를 보고 영화에 관한 이야기를 나누곤 했어요. 형도 가끔 저를 영화관에 데려가줬고요. 또 다행인 건 어려서부터 책을 좋아했어요.

집에 책이 많았나 봐요.

부모님이 문고판이나 전집류를 많이 사주셨는데, 보다 보니 재미있어서 거의 다 읽었어요. 나이 차이가 나는 형 책장에 창작과비평에서 나온 책들이 꽂혀 있었는데 나이에 걸맞지 않게 다 봤죠. 무슨 말인지도 잘 모르면서. (웃음) 어렸을 때부터 책을 많이 읽은 편이라 독후감이나 글짓기 대회에서 상도 곧잘 받았어요. 고등학생 때는 소설도 썼고요.

갱스터 연재 소설이었다고 알고 있습니다. 주변에서 다음 편을 기다릴 정도로 반응이 무척 좋았다고요. 뜨거운 반응을 경험했으니 소설가를 꿈꾸었을 법도 한데요.

글 쓰는 사람이 될 거라는 상상은 못 했어요. 제가 어릴 때만 해도 작가에 대한 사회적 인식이 그렇게 좋지는

않았거든요. 가난하고 병약하고… 잡지나 만화는 학교에서
다 압수해 불태우던 시절이었으니까. 제가 고등학교
2학년일 때가 전두환 정권 시절이었는데, 몇몇 반 친구들이
시 동인지를 만든다는 거예요. 저한테도 같이하자고
하길래 합류했죠. 당시에 했던 활동이 돌아가면서 시 두
편씩 내고, 돌아가면서 편집장을 맡는 건데, 손으로 일일이
다 쓰고 복사해서 나름 책처럼 만들어서 교내에 돌렸어요.
이런 일들이 계기가 되어서 사회에 조금씩 눈을 떴죠.

시를 쓴 적이 있었나요?

그럴리가요. (웃음) 동시 말고는 써본 적이 없었어요.
그래서 어떤 시를 쓸 것인가 고민하다가 대학가에 있는
서점에 가봤어요. 당시 대학 서점은 금지 서적들의
왕국이었는데, 교과서에서 보던 시들은 온데간데없고
'흘러내리는 피', '적들의 심장' 이런 단어가 눈에
들어오더군요. 군사독재 시절이라 언론이 제 기능을 못
하니 작가들이 글로 소리쳤던 거죠.

10대 시절에 사회를 보는 시선이 확립된 셈이네요.

문학과 문화가 가져야 할 사회적 책무랄까? 이런 부분에
자연스럽게 관심이 생겼죠. 당시 제가 썼던 일기를 보면

주성철, 장항준 감독의 '데뷔의 순간'.
씨네플레이와 한국영화감독조합의
〈한국영화, 감독〉인터뷰 중
('씨네플레이', 2024.2.1)

명동 중앙극장 앞에서 차창 밖을
내다보다가 갑자기 그런 생각이
드는 거예요. 이렇게 많은 사람들이
여기저기 서 있는데 이 중에서 자기가
하고 싶은 일을 하면서 사는 사람이
몇 명이나 될까. 시간도 많으니까 한
번 세어보자 하는 생각에 세어봤어요.
어차피 버스도 서 있겠다, 그냥 내
'감'을 기준으로 삼아서 세어봤는데
내 착각일 수도 있겠지만 별로 없는
것 같았어요. 그래서 나는 사람들이
안전하다고 하는 길로 가도 인생을
조질 놈이고, 내가 하고 싶은 걸
해도 인생을 조질 놈이니, 기왕이면
하고 싶은 걸 하면서 인생을 조지자,
그렇게 결론을 냈죠.(웃음)

오늘 내가 뭘 했고, 어떤 일을 하고 싶은지 같은 평범한 내용이 아니라 '어떻게 해야 독재 정권을 타도할 수 있을까'와 같은 내용이 대부분이에요. 그러다 보니 전과는 세상 풍경이 다르게 보였고, 문학작품을 읽는 태도도 달라졌죠. 지금 생각해 보면 창작자로서는 돈을 주고도 살 수 없는 좋은 경험을 했던 시기였어요. 그러던 중에 학교에서 장래 희망을 써내라고 했는데, 그때가 아버지 사업이 망해서 '앞으론 제힘으로 살아야겠다' 생각하던 시절이었거든요. 아마 영화 시나리오 작가였나 영화감독이었나 둘 중 하나를 썼을 거예요. 당시 저를 가장 즐겁게 해주던 게 영화였으니까.

영화를 보고 즐거웠던 기억 덕분에 이 길로 들어설 수 있었군요. 결정적인 계기도 있었나요?

고등학생 때 모의고사를 마치고 영화를 보러 간 적이 있어요. 제 친구 아버지가 종로경찰서 소속 형사였는데, 그분이 아들에게 준 티켓 두 장을 받아 종로 허리우드극장에 갔어요. 그때 본 〈썸머 스토리(A Summer Story)〉(1988)[11]란 영화가 너무 감동적이어서 장래에

> 11 피어스 해거드 감독이 노벨문학상 수상 작가 존 골즈워디의 단편소설 《사과 나무》를 스크린으로 옮긴 영화. 1904년 영국 남서부 다트무어를 무대로 엘리트 청년과 시골 처녀의 슬픈 사랑 이야기를 담았다.

영화를 만들겠다고 확실하게 다짐했죠. 영화를 다 보고 친구에게 티켓을 달라고 했어요. 앞으로 영화를 하게 된다면 이 티켓이 터닝 포인트를 마련해준 덕분이니까. 지금도 앨범에 끼워서 간직하고 있어요. 그러고 나서 부모님께 연극영화과를 가겠다고 말씀드렸죠.

어떤 반응이 돌아왔나요?

"하고 싶은 게 있다니 다행이다!" 너무도 흔쾌하게 말씀해주신 덕분에 서울예대에 가게 되었죠. 제가 연극과에 들어간 1989년 무렵부터 검열도 조금씩 풀리기 시작했어요. 1990년대에 접어들면서 군부독재가 무너지자 사회 분위기가 완전히 바뀌더라고요. 한국영화의 르네상스도 이 무렵 시작되었는데, 우연인지 필연인지 제가 커리어를 시작하던 시기와 잘 맞았어요.

1993년에 나온 김영빈 감독의 〈비상구가 없다〉의 객원 연출부로 일을 시작했다고 알고 있습니다.

객원 연출부는 정식 연출부가 구성된 후에 조직되는, 일종의 지원팀이에요. 매일 현장에 출근해서 차량 통제하고 잔심부름하는. 그때만 해도 돈은 안 받아도 되니 영화를 배우는 현장에 가고 싶어 하는 친구들이

많았어요. 저도 무척 절박했기 때문에 팀에 속할 수
있다는 사실만으로도 감사했죠.

꿈꾸던 현장에 가서 이런저런 경험을 해보니 영화를 해야겠다는
확신이 더 생겼나요?

아니요. (웃음) 현장 분위기가 험악해서 무서웠어요.
감독님은 점잖으셨지만 스태프들이 예민하고 욕도 많이
하고… 옛이야기지만 그땐 영화사에서 횡령 사건도 자주
발생했어요. 조감독님과 연출부 스태프들은 항상 신경이
곤두서 있었죠. 예를 들면 서류에는 80명의 엑스트라가
현장에 오는 걸로 사인이 되어 있는데, 단계를 거치면서
누군가 중간에서 돈은 챙기고 사람 수를 줄여 실제로 온
사람은 30명밖에 없는 식인 거죠. 그럼에도 개인적으로는
'처음'이 주는 신선함 덕분에 좋은 기억으로 남아 있어요.

그다음에는 방송국으로 갔어요. 김병욱 PD의 예능 프로그램
〈좋은 친구들〉[12](1994)의 작가가 되었죠.

객원 연출부로 있던 팀이
소속된 영화사가 부도가
나서 방송국에 FD로
들어갔어요. 학교 다닐 때

12   1994년 4월 24일부터
약 9년간 방송했던 SBS의 예능
프로그램. 장항준 감독은 이
프로그램의 구성작가로서 '황당한
인터뷰'라는 코너의 인터뷰로
활약하기도 했다.

제가 극작과 수업을 청강했는데, 거기서 친분이 생긴
형이 작가로 일하고 있었거든요. 그러다 하루는 대본이
펑크가 났는데, 운이 좋게도 제가 전날 회의 내용을
바탕으로 써둔 대본이 있어서 촬영을 마칠 수 있었어요.
그 후 방송작가의 길을 걸었네요.

청강은 웬만큼 부지런하지 않고서야 할 수 없는 건데, 학교생활에
진심이었군요.

인생에서 가장 열심히 살았던 시기랄까? (웃음) 학기
초가 되면 극작과, 영화과, 문창과 시간표까지 모조리
가져와서 나만의 시간표를 만들었어요. 연극과 전공수업
사이에 시간이 비면 다른 과 수업을 넣는 식으로요.
제 자신에게 이렇게 속삭였어요. "앞으로 몇 년을
살지 모르지만, 이 학교에 합격한 건 신이 준 기회다!
항준아, 2년만 네 의지대로 살아봐라." 2년 후에 사회에
나가려면 제대로 노력해야 한다고 생각했어요. 틈만 나면
프랑스문화원, 일본문화원에 가서 영화도 봤고요. 시간을
허투루 쓴 적이 없어요, 진짜. 방학도 주말도 없었어요.
어떻게든 시간이 생기면 영화 보고 책 읽고 시나리오
쓰고 이런 날의 반복이었죠.

최선을 다했던 시간은 어떤 식으로든 돌아오는군요. 예능

프로그램의 방송작가 경험이 영화를 만드는 데도 영향을 줬나요?

아무래도 그렇죠. 당시에는 코미디가 한국영화의
대세 장르였기도 하고요. 20대에 영화 〈박봉곤
가출사건〉[13](1996)으로 시나리오 작가 데뷔를 했을
때도 당연히 코미디를 선택했어요. 제가 잘할 수
있는 장르니까. 이 제안을 받고 방송국을 그만뒀어요.
주변에서는 많이 말렸죠. 영화 시나리오 작가로 잘될
확률도 낮고, 방송업계도 공백이 길어지면 자리가
없어지니까요.

그럼에도 단호하게 그만둘 수 있던 이유는요?

방송 일은 한 번도 제 업이라고 생각해 본 적이 없어요.
기회가 주어졌으니 열심히 한 것뿐이지.

훗날 감독 데뷔를 하면서도 더는 시나리오 작가로 활동하지
않겠다고 선을 그었어요. 다음
단계로 넘어갈 때의 다짐 같은
걸까요.

13   심혜진, 안성기 주연의
로맨틱 코미디 영화. 김태균 감독의
데뷔작이다. 남편의 무관심에
시달리던 주부 박봉곤이 집을 나가
어릴 적 꿈을 이루기 위해 클럽에서
탱고를 추며 가수로 변신하는
이야기를 담았다.

어느 순간 올인해야겠다는
생각이 들었어요. 아무래도

영화는 감독의 예술이니까. 아무리 시나리오를 잘 써도 그걸 구현하는 건 감독의 몫이잖아요. 내 의지대로 구현되지 않는 영화를 하고 싶지 않았어요. 그래서 그땐 단호하게 시나리오 의뢰는 받지 않고 감독만 하겠다고 선언했죠. 실제로도 안 받았고요.

소통할 줄 모르는 사람은 영화감독이 될 수 없다

그렇게 첫 영화 ‹라이터를 켜라›[14](2002)로 감독 데뷔를 합니다.
누구에게나 처음은 강렬한 기억을 남기는데, 이 작품을 만들면서
기억에 남는 순간은 언제였나요?

> 방송에서도 이 에피소드를 언급한 적이 있는데, 제가
> 영화 현장에서 차근차근 단계를 밟아나간 케이스가
> 아니다 보니 막상 감독으로 현장에 나갔는데 모르는
> 게 너무 많은 거죠. 안
> 그래도 두렵고 떨리는데.
> 컷을 찍어도 이게 오케이
> 사인을 내야 하는지, NG
> 사인을 내야 하는지 도통

14   장항준의 감독 데뷔작.
동네 백수 허봉구가 예비군 훈련에
갔다가 귀가하는 길에 전 재산
300원을 털어 구매한 라이터를
건달 양철곤에 뺏기면서 벌어지는
이야기를 그렸다.

모르겠어서 첫 테이크를 찍고 "오케이!" 해버렸어요. 두 번째도 시원하게 "오케이". (웃음) 스태프들이 다 쳐다보더라고요. 그렇게 하루 분량을 다 찍고 촬영감독님, 조명감독님, 동시녹음 기사님과 술을 마시는데, 김성복[15] 촬영감독님이 그러시더라고요. "장 감독, 내가 하나만 물어봅시다. 정말 좋아서 '오케이' 하는 거예요?" 충무로의 베테랑 중 베테랑인 분들이니 딱 보고 아신 거죠. 그래서 "사실은 현장 출신이 아니라서 잘 모르겠다"고 이실직고했어요.

솔직함으로 밀고 나갔군요.

그렇게 순순히 대답하는 신인 감독을 못 봤나 봐요. 촬영감독님이 도와주겠다고 하시더라고요. "장 감독, 컷이 끝나면 날 봐요. 내가 왼쪽 귀를 만지면 넘어가고 그런 행동이 없으면 장 감독이 나랑 이야기하는 거예요." 실제로 현장에서 이 컷이 왜 NG인지 조언해주셨는데, 몇 번 하다 보니까 제 눈에도 보이기 시작했어요. 그러자 스태프들도 조금씩 저를 믿기 시작했고요. 나중에는 촬영감독님을 안 봐도 스스로 판단하고 이유를 말할 수 있게 되었죠.

15 〈접속〉, 〈쉬리〉, 〈공동경비구역 JSA〉 등 다수의 흥행작에 참여한 촬영감독. 각 영화에 맞는 다양한 기법을 구사하는 베테랑으로 대종상 및 청룡영화상에서 촬영상을 받았다.

"컷! 다시 갈게요. 여기랑 저기랑 이동이 늦었어." 그럼 저쪽에서 촬영감독님이 저를 보다가 끄덕하고. (웃음) 이런 순간이 제일 기억에 남죠.

영화감독은 현장에서 여러 가지 판단을 내려야 하잖아요. 혼자 판단하기 어려운 상황에서 어떻게 하는 편인가요?

지금도 판단이 잘 안 서면 곧잘 물어보곤 해요. 각 팀 스태프를 한자리에 불러서 제가 문제라고 생각하는 부분을 공유하고 어떻게 생각하는지 한 명씩 물어요. 그러고 나선 "이걸 해결하려면 어떻게 해야 할까?" 또 묻죠. 촬영감독이 "그거 하려면 카메라를 뒤집어야 하는데"라고 말하면 그 옆의 PD가 "그럼 오늘 안에 다 못 찍습니다"라고 하고 서로 수군대는 걸 들어요. 그 과정에서 어떤 컷을 우선으로 찍을 것인지, 예비 컷을 찍어서 해결할 수 있는 문제인지 등 어느 정도 정리가 되죠. 토의하면서 현재 상황에 대해 같이 이야기할 수 있게 하고 정리하는 일이 제 역할이에요. 이게 다 첫 작품에서 익힌 스킬인데, 스태프들은 각 분야의 전문가잖아요. 감독은 몇 년에 한 편 영화를 찍지만 스태프들은 매년 몇 작품씩 소화해요. 이 전문가들의 지식과 능력이 내가 만드는 영화에 온전히 담기려면 모두에게 발언권을 주는 게 중요하다고 생각합니다.

〈리바운드〉에서 같이 작업했던 안재홍 배우가 현장에서 당신의 모습을 가리켜 '사랑받는 지도자' 같다고 말하기도 했어요. 제작팀, 촬영팀, 미술팀 등 여러 팀이 신나게 일할 수 있는 환경을 만들어주기 위해 고수하는 원칙도 있을까요?

분위기와 시스템, 둘 다 챙기는 게 중요해요. 먼저 주요 스태프들이 있을 때 이야기해요. 아무리 화가 나도 현장에서 소리 지르지 말라고. 너희들끼리 방이나 골목에서 소리 지를 수는 있지만 현장의 분위기를 흐트러뜨리면 안 된다고. 만약 그런 일이 발생하면 나랑 일하기 싫은 것으로 간주하겠다고. 한 번 화를 내기 시작하면 계속 화가 나거든요. 거기에 다른 사람들이 영향을 받기 시작하면 현장 특유의 집중력이 깨져버려요. 긴장할 필요는 있지만 화를 내는 것과는 다른 이야기죠. 옛날처럼 닦달하고 화낸다고 문제가 해결되는 시대도 아니고요. 유연함도 필요해요. 발을 동동 구른다고 상황이 달라지진 않으니까. 그런데 제 성격이 원래 그래요. (웃음) 현장뿐만 아니라 집에서도 비슷하고요. 아니었다면 지금까지 못 버텼겠죠. 돈 없었을 때 이미 좌절하고 나가떨어지지 않았을까요?

비상 상황이 발생할 땐 어떻게 대응하나요? 여기저기서 다 감독을 찾을 텐데요. 〈리바운드〉만 하더라도 제작이 진행되는 도중에

극 중 주요 캐릭터의 실존 인물인 천기범 선수가 음주 운전으로 논란을 빚고 은퇴하는 사건이 있었잖아요.

PD에게 그런 기사가 떴다는 연락을 받았어요. 사실 여부를 확인한 후 스태프 회의를 소집했죠. 스태프들이 다 모인 자리에서 동요하지 말라고 했어요. 해결은 우리가 할 테니 하던 준비 마저 열심히 하자고, 이렇게 모인 김에 회식이나 하고 가라고. 스태프들이 해산하고 나서 PD와 제작사 사람들이 모여서 따로 회의를 했어요. 그때가 촬영 직전이었는데 투자사 쪽 분위기가 좋지 않은 건 사실이었죠. 한마디만 전해달라고 했어요. 난 이 영화를 통해 누구 한 명의 이야기를 하고 싶은 게 아니라, 그 시절 청춘을 불태웠던 소년들에 관해 이야기하고 싶은 거라고요.

오히려 메시지를 확실하게 다듬어서 다시 전달했군요.

다행히 투자사였던 넥슨에서 철회하지 않겠다고 하더라고요. 넥슨의 1호 영화 투자 대상이 〈리바운드〉였어요. 전액 투자였고요. 상업영화에서 전액 투자는 거의 전례가 없어요. 예산이 적다고 해도 리스크를 줄여야 하기에 서로 나눠서 투자하는 게 일반적이거든요. 제가 듣기로 넥슨에서 한국영화에 투자해야겠다고 결심한 후, 아직 투자가 확정되지 않은 영화 시나리오 19편을 받았다고 하더군요. 그중 하나가 〈리바운드〉였고요.

온전히 시나리오로 승부를 본 작품이었네요.

돈이 안 되는 작품이라는 것도 알고 있었을 거예요. 고등학생들의 농구 이야기잖아요. 넥슨 투자팀을 만났는데 넥슨은 영화로 돈을 벌고 싶은 게 아니라고 하더라고요. 물론 흥행이 되면 더할 나위 없이 좋겠지만, 젊은이들에게 용기와 위안이 되는, 오래 남는 영화가 나왔으면 좋겠다는 이야기가 전부였어요. 이렇게 이야기하고 결정하는 투자사는 거의 없습니다.

스태프든 배우든 함께 일하는 사람들의 마음을 얻기 위해 어떤 노력을 하는지도 궁금해요.

솔직하게 이야기해요.

어떤 면에서요? 가령 '이 작품을 함께하면 어떤 부분이 좋을 것이다'라든지 이야기하는 포인트가 있나요?

그건 설득이잖아요. 그보다는 있는 그대로의 모습을

다 보여줘요. 상대방이 저를 빨리 파악할 수 있게.
술자리에서 이야기를 많이 하고 일상에서도 자주
보고요. 예를 들면 배우 안재홍 씨와도 〈리바운드〉의
실제 인물과 싱크로율을 맞추면 좋겠다는 이야기를
나누는데, 서로 생각이 잘 맞더라고요. 그러더니 일주일
만에 10킬로그램을 찌워서 나타났어요. 〈기억의 밤〉에서
함께했던 배우 강하늘 씨도 촬영 중에 이야기를 많이
나눴어요. 이 작품을 다 찍으면 군대를 가야 하는데,
바로 가는 게 좋을지 조금 더 시간을 두고 가는 게 좋을지
물어보더라고요. 감독으로서는 남아서 홍보까지 해주면
좋겠지만, 인생 선배로서는 빨리 다녀오는 게 낫다고
말해줬어요.

캐스팅하다 보면 거절당할 때도 많을 것 같은데요.

이 일 자체가 서로 거절하고 거절당하는 일이
태반이에요. 거절당했다고 상처받기 시작하면 끝도
없어요. 잠깐 하고 말 직업이라면 모르겠지만, 오래 하고
싶다면 그런 태도가 스스로에게 도움이 되진 않죠.

끝까지 포기하지 않고 현장에 오래 머물고 싶어요

3년 정도 준비한 영화가 있었는데 투자 직전까지 갔다가
엎어진 적이 있어요. 스태프들한테 "미안하다, 내가
아니라 다른 감독이었으면 똑같은 시나리오로 투자받았을
거다"라고 우스갯소리를 하면서 애써 위로했죠. 저도
아무렇지 않은 줄 알았고요. 회식을 마치고 대리기사님을
불러서 차를 타고 가려고 하는데, 그 영화에서 엔딩곡으로
쓰려고 했던 노래가 나오는 거예요. 그 순간 눈물이
흐르는데 저도 제가 그렇게 좌절하고 슬퍼하고 있었는지
몰랐어요. 펑펑 우니까 옆에 앉아 있던 김은희 작가가
자기 무릎을 툭툭 치면서 누우라고 하더군요. 그렇게
아내 무릎에 누워 울면서 집에 갔죠. 영화가 잘 안됐을
때 어떻게 잊고 극복했는지 생각해 봤는데, 그러면 다른
아이디어를 떠올렸어요. 그걸 빨리 시나리오로 쓰기
시작했고요. 새로운 아이템이 떠오르면 새로운 세계가
펼쳐지는 것 같고, 설레고 즐겁잖아요. 그래서 제가 가수
하림 씨의 '사랑이 다른 사랑으로 잊혀지네'라는 노래를
좋아해요. (웃음)

내가 만드는 이야기와 세계에 빠져 있어야 한다

한 편의 영화가 만들어지기까지 여러 단계를 거치잖아요.
시나리오도 써야 하고, 장소 헌팅과 캐스팅도 해야 하고, 촬영을
마치면 포스트프로덕션도 소화해야 하는데, 가장 선호하는
작업은 무엇인가요?

촬영이죠, 촬영. 다른 감독들도 비슷하지 않을까 싶은데,
머릿속에 있던 그림을 구현하는 작업이잖아요. 무엇보다
촬영할 수 있다는 건 투자가 되었다는 이야기니까. (웃음)
같이 무언가 만들어내는 과정 자체가 굉장히 재미있는
일이거든요. 시작은 재미있지만 점점 고통스러운
게 시나리오 작성 단계고, 생각이 많아지는 과정이
후반이에요. 대부분 시나리오 쓰는 데 가장 오랜 시간이

들어요. 촬영이랑 후반작업은 길어도 몇 달 정도니까.
그런데 시나리오는 몇 년을 투자해야 하니 도중에 지치기
쉬워요.

창작할 때 아이디어는 어떻게 얻나요?

술과 대화. 술 마실 때 떠오르는 걸 적어놔요. 지금 하는
아이템이든 다음에 할 아이템이든 항상 생각하고 있어서
영화나 드라마를 보거나 책을 읽을 때 그것과 연결되는
부분이 있으면 적어두죠. 그걸 머릿속에서 이렇게 저렇게
굴려본 다음 술자리에 가서 이야기해요.

사람들 반응을 보는 건가요?

영화인들이 모이는 술자리에서 가장 많이 나오는 말이
"이거 어떤지 한번 들어 봐 봐"일 걸요? (웃음) 친한
사람끼리 모이면 각자 자기 아이템을 이야기해요.
그러면서 살이 붙기도 하고요. 대학교에서 시나리오 작법
공부를 할 때 이야기에 살을 붙이는 트레이닝을 많이
했거든요. 예를 들면 버스 정류장에 앉아 있는데, 어떤
사람이 동그란 가방을 갖고 있는 모습이 눈에 들어오는
거죠. 그럼 그때부터 계속 상상하는 거예요. 뭐 하는
사람일까? 신발을 보니 흙이 많이 묻었네, 도시에서 온

게 아니구나. 저 가방 속에는 무엇이 들었을까, 혹시 사람 머리…? 어디에서 저 가방에 머리를 넣어왔을까, 지금 어디로 가는 걸까. 어젯밤으로 신을 시작해보면 어떨까. 때로는 탐정처럼 때로는 몽상가처럼 생각하면서 이야기가 퍼져나가는 거예요.

작품마다 메모하는 노트가 있다고 들었어요.

떠오르는 아이디어를 적어두거나 특정 신의 대사를 써보기도 하는, 일종의 메모장 같은 노트가 꽤 많았는데 이사 다니면서 잃어버렸는지 다 어디로 갔는지 모르겠어요. (검은색 노트를 펼치며) 이 노트는 〈기억의 밤〉 때 쓰던 건데, 집 안에서 일어나는 사건이 중요했던 작품이라 2층 주택의 구조도를 1, 2층으로 나누어 그려봤어요. 이야기를 배치하는 과정에서 인물의 동선이 구체적으로 그려져야 신을 만들 수 있으니까요. 이렇게 손으로 써보면서 대사를 만든 후에 노트북을 켜고 신을 구상하면서 옮겨 쓰는데, 그러다 보면 조금씩 디테일이 더해지면서 시나리오가 완성되죠. 처음에는 무조건 노트에 손으로 적어요. 제가 옛날 사람이라 그런지 몰라도. (웃음)

예전부터 "대중의 기호보다는 내가 하고 싶은 게 무엇인지가 훨씬 중요하다"라는 의견을 내비쳤는데, 이 생각은 바뀌지 않았나요?

> 대중이 무엇을 좋아할지 가늠하는 레이더도 필요하긴
> 하죠. 근데 늦어요. 3년 후 대중이 어떤 생각을 하고
> 무엇에 열광할지 알 수 없잖아요. 영화는 만드는 데
> 시간이 걸리니까. 지금의 잣대로 만들면 낡은 게
> 되어버려요. 1년 후도 예측이 안 되는데. 그냥 하는
> 거예요.

그렇다면 오히려 자기 아이템에 확신이 더 필요하겠네요.

> 내 것에 대한 믿음이 제일 중요하죠. 그러려면 그 안에
> 온전히 빠져 있어야 해요. 내가 만드는 이야기와 세계에
> 나조차도 흠뻑 들어가 있다 보면 애정과 자부심이
> 생겨요. 작품이 엎어질 때 좌절하는 이유도 이 세계가
> 무너졌기 때문이지만요.

인생을 여름방학처럼, 모든 건 태도에 달렸다

예능 프로그램에서도 많은 사랑을 받았는데, 출연한 계기가
있었나요? 영화를 만드는 일과 병행하는 게 쉽지는 않을 것
같아요.

앞서 영화가 엎어졌을 때 이야기를 했는데, 그때 뭐라도
해야 먹고살겠다 싶어서 예능 프로그램에 나가기
시작했어요. 예능은 좋아서 했다기보다는 돈을 벌어야
하기 때문에 나간 거예요. 사실 재방을 워낙 많이 해서
그렇지 예능에 그렇게 많이 나간 건 아닌데 사람들이
오해하죠. (웃음) 저를 찾아주는 곳이 있다는 게 감사한
일이지만, 예능에 우선순위를 두고 있진 않습니다. 아무리
좋은 제안이 와도 영화작업을 할 때는 당연히 고사하고요.

'씨네마운틴'[16]을 통해 팬이 된 사람들도 많아요. 영화에 대한
애정과 비하인드 스토리, 또 송은이 씨와의 케미까지 어우러져
호평받았어요.

> 예능인으로서 장항준은 '씨네마운틴' 이전과 이후로
> 나뉜다고 생각해요. 청취자들이 좋아하는 게 느껴져서
> 힘이 많이 났고 자부심도 컸지만, 방송 당시에는 품이
> 많이 들어 쉽지만은 않았어요. 작가분들이 자료 정리를
> 도와주긴 했지만, 매번 사전 스터디도 꼬박꼬박하고,
> 감독이나 배우, 제작자에게 전화해서 팩트 체크도
> 일일이 해야 하고, 거기다 영화도 다 다시 봐야
> 해서…(절레절레).

그래도 '씨네마운틴'을 했기 때문에 〈오픈 더 도어〉(2023)[17]에
송은이 씨가 제작자로도 참여하게 되지 않았을까요?

> 그럴 수 있죠. 아무래도 자주
> 보게 되니까. 단편영화를
> 만들 거라고 하니 송은이
> 씨가 어떤 이야기인지
> 듣더니 본인이 제작하고
> 싶다고 하더라고요. 그렇게
> 서로 오케이했는데 만들다

16　　코미디언 송은이와
장항준 감독이 함께 진행하는
팟캐스트(Podcasts) 기반의 영화
토크쇼. 감독, 배우 등 영화인을
초대해 흥미로운 이야기를 나눈다.

17　　장항준 감독이 만든
미스터리 스릴러 영화로, 미국
교민 사회에서 일어났던 실화를
바탕으로 했다.

보니까 장편영화가 되어버렸죠. 처음 말했던 것보다 제작비가 배로 들었어요. 송은이 씨도 동지죠. 처음엔 가까운 선후배였고, 그 뒤엔 친구가 되었고, 이제는 그보다 더 끈끈한 관계가 되었어요.

'윤종신이 임시 보호하고 김은희가 입양한 몰티즈', '신이 내린 꿀팔자', '복세항살(복잡한 세상 항준이처럼 살자)'처럼 방송에서 잡힌 캐릭터가 부담스럽진 않나요? 워낙 유쾌하게 소화하고 있지만, 사람들이 그런 이미지로 계속 소비하게 되잖아요.

듣다 보니 괜찮던데요? 호감의 표현이잖아요. 힘든 시기를 보내는 사람들에게 제 이미지가 잠시나마 위안과 웃음을 준다면 그것도 다행이라고 생각해요. 다만 덧붙이고 싶은 말이 있어요. 좋아하는 것이 분명하게 있고, 하고 싶은 일에 진심이어야 편한 것도 의미 있다는 거예요. 단순히 편하기만 한 인생을 권하고 싶진 않아요. 제겐 일과 가족이 먼저고, 그다음이 돈이에요. 돈보다 소중하게 여길 수 있는 우선순위가 있어야죠. 돈은 수단일 뿐 목적이 될 수 없어요. 마냥 아무것도 안 하고 편하게 사는 인생이 정말 좋은 걸까요?

그렇다면 진심으로 좋아할 수 있는 일과 그것을 직업으로 삼는다는 건 어떻게 다를까요?

제가 볼 때 만족도가 높은 직업은 첫째, 일이 즐거워야
해요. 일로 인한 다른 보상이 아니라 일 자체에서 오는
성취감과 목표 지점이 뚜렷하게 있어야 합니다. 둘째, 그
일로 어느 정도 경제적인 안정이 이뤄져야 해요. 둘 중
하나라도 어렵다면 좋은 직업이라고 하기엔 어려울 수도
있겠죠.

드라마 〈싸인〉[18]의 연출을 하기도 했는데, 어느 인터뷰에서
"앞으로도 드라마 작업은 계속하겠지만, 그럼에도 나의 끝 그림은
영화"라는 이야기를 한 적이 있어요.
영화를 우선순위로 두는 이유는
무엇인가요?

대학교 1학년 때 배창호[19]
감독님이 특강을 오신
적이 있어요. 신입생을
대상으로 영화가 무엇인지
이야기해주셨는데,
강연이 끝나고 제가 손을
번쩍 들고 질문했어요.
"감독님은 영화가 뭐라고
생각하십니까?" 그러고
나서 들은 답변이 아직도

18   박신양 주연의
SBS 20부작 드라마.
국립과학수사연구원에서 시신을
부검해 사인을 밝혀내는 법의관의
이야기로 김은희 작가가 각본을
맡았다. 장항준 감독은 이
드라마의 10부까지를 연출했고,
11~20부에는 공동 각본으로
참여했다.

19   개연성 없는 반전이나
극단적 감정을 강조하던 1980년대
한국영화의 전형에서 탈피해,
당시 국내 영화를 외면하던
관객의 시선을 되돌린 감독으로
평가받는다. 대표작으로는
〈고래사냥〉, 〈깊고 푸른 밤〉,
〈황진이〉, 〈기쁜 우리 젊은 날〉 등이
있다.

잊혀지지 않아요. "영화는 낮에도 꿀 수 있는 꿈입니다."

드라마는 호흡이 길고 티브이에서 방영해주잖아요. 반면 영화는 압축적이고 극장 상영을 원칙으로 하고 있죠. 비용을 지불하고 극장에 들어가서 자리에 앉으면 모든 불이 꺼지고, 뒤에서 한 줄기 빛만 나오며 시작해요. 감독이 꾸는 그 꿈이 빛을 타고 펼쳐지죠. 이어서 모든 사람이 같은 꿈을 바라봐요. 물론 영화를 보고 영향이나 감흥을 받는 건 저마다 다르겠지만, 좋든 싫든 끝까지 거기 앉아 있기에 가능한 일이잖아요. 드라마가 가진 장점과 재미도 많지만 그럼에도 2시간 정도 같은 꿈을 꾸는 듯한 경험을 주는 영화를 우선으로 둘 수밖에 없어요.

영화감독이야말로 루트가 정해져 있지 않은 직업이자 지망생으로 보내는 시간이 가장 긴 직업 중 하나 같다는 생각이 듭니다. 영화감독을 하고 싶지만 길을 찾고 있는 사람에게 도움이 될 수 있는 이야기가 있을까요?

뻔한 말이지만 많이 읽고 많이 보고 많이 써라. 소설이든 인문학이든 영화든 무엇이든요. 이야기를 계속 써야 해요. 한국영화의 특징 중 하나는 작가와 감독의 역할이 분리되어 있지 않다는 거예요. 미국 등 다른 나라의 경우에는 한 작품에 작가 여러 명의 크레딧이 있어요.

시나리오가 완성되면 제작사는 감독에게 찍게 해요.
편집권이 제작사에 있기 때문에 거장이나 잘 알려진
감독이 아니고서야 감독이 마음껏 편집할 수 없어요.
그래서 디렉터스컷이라고 불리는 감독판이 나오는
것이기도 하죠. 반면 한국영화는 시나리오부터 촬영,
편집까지 감독이 권한을 갖고 진두지휘할 수 있어요.
한국영화의 힘이 거기서 나온다고 생각합니다.

〈12인의 성난 사람들〉(1957)[20]을 만든 시드니 루멧[21] 감독은 저서
《영화를 만든다는 것》에서 영화 만드는 일을 '싸움'에 비유했어요.
같은 질문을 던진다면 어떻게 답할 건가요?

영화는 '투쟁과 타협의
산물'이다. 내가 맞다고
생각하는 걸 굽히지
않으려는 투쟁도, 혼자 만들
수는 없기에 어떤 부분에선
타협도 필요해요. 무엇보다
둘의 밸런스를 잘 유지해야
하죠. 투쟁할 때와 타협할
때를 눈치껏 잘 구분하는 게
먼저고요.

20   시드니 루멧 감독의
영화 데뷔작으로 동명의 드라마를
영화화한 작품이다. 살인 혐의를
쓴 한 소년의 재판에서 11명의
배심원이 그의 유죄를 인정하는데
단 한 명이 반론을 제기하며
이야기가 진행된다.

21   미국을 대표하는 거장
감독. 첫 영화인 〈12인의 성난
사람들〉로 베를린 국제 영화제
황금곰상을 받았다. 〈뜨거운
오후〉, 〈네트워크〉, 〈심판〉 등
영화사에 남을 다수의 명작을
연출했다.

〈유 퀴즈 온 더 블럭〉 122화 중
(tvN, 2021.9.8)

Q. '인생을 장항준처럼' 산다는
것의 의미는?

내가 대단한 사람이
아님을 인정하는 것. 항상
"선방했다"고 생각했어요.
고등학교에 입학할 때도
대학에 들어갈 때도 말이죠.
너무 위를 보는 게 아니라
과거의 나를 기준으로
생각하면 선방한 인생인
거예요.

Q. 현재의 삶에 만족하는
편인가요?

너무 만족해요. 과하게
행복하다고 느껴서 딸과
산책하다가 이런 말을 하기도

했어요. 우리 가족 모두 잘
지내고 있지만 인생이 항상
그런 것만은 아니라고 말이죠.
반드시 대가가 있고, 지금을
즐기되 언제나 행복한 건
아니니 항상 겸손하고 겸허한
마음을 가지면 좋겠다고
했어요.

Q. 훗날 남기고 싶은 나의
유산이 있다면요?

삶에 대한 태도랄까요.
결국에는 모든 게 마음과
태도에 달렸다고 생각해요.
저는 그냥 제가 좋고, 사람들이
좋아요. 그런 긍정적인 태도가
제 딸과 후배들에게 영향을 줄
수 있으면 좋겠어요.

쿠엔틴 타란티노[22] 감독은 딱 10편을 채우고 은퇴한다고 못 박았잖아요. 앞으로 영화를 몇 편이나 더 찍을 수 있을까, 이런 생각도 하나요?

구체적으로 생각하진 않지만 오래 하는 게 꿈이에요. 천만 관객도, 칸도 아카데미도 크게 흥미 없어요. 제가 올해 56세인데, 10년 후 모습을 머릿속에 그려뒀어요. 눈가와 손등에 생긴 자글자글한 주름을 클로즈업하는 걸로 시작하면, 한 손에는 커피를 나른 손에는 담배를 들고 있는 노인이 어딘가를 응시해요. 맞은편에는 울창한 숲이 있고, 날씨는 화창한 아침이죠. 그러면 서서히 노인의 얼굴이 등장해요. 화면이 바뀌면서 소리가 들려와요. "감독님, 현장 준비 다 되었습니다. 가시죠." 그럼 노인이 된 제가 이렇게 말해요. "벌써 그렇게 되었나?" 일어나 걸어 나가면 제가 앉아 있던 자리를 카메라가 빠지면서 비추는 거죠. '디렉터스 체어'가 세워져 있고 그 뒤에 '감독 장항준'이라고 써 있는. 너무 구체적인가? (웃음) 그때까지만 가도 제 인생은 성공한 거라고 생각해요.

22   1963년생. 미국의 영화감독. 데뷔작 ‹저수지의 개들›로 성공을 거두었고, 두 번째 영화 ‹펄프 픽션›으로 칸영화제 황금종려상을 받았다. B급 문화와 예술 영화를 능수능란하게 오가는 독창적 연출 스타일로 잘 알려져 있다.

본인의 인생을 영화로 만든다고 가정했을 때, 한 줄 평을 남긴다면 뭐라고 쓸 것 같나요?

> 여름방학 같은 인생이었다.

어떤 의미인지 묻지 않을 수 없네요.

> 도전할 수도 있고, 누워 있을 수도 있고. 부담 없었고,
> 쫓기지 않았고. 인생을 여름방학처럼 보낼 수 있느냐는
> 태도에 달렸다고 생각해요. 시골의 어떤 농부는 그렇게
> 생각할 거예요. 그렇지만 어떤 재벌이나 정치인은 조금도
> 그렇게 생각하지 못할 거고요.

감독으로서가 아닌 인간 장항준이 가고자 하는 삶의 방향도
있나요?

> 심플합니다. 가족들과 함께 행복하게 사는 것. 저는
> 원래부터 매우 가족 지향적인 사람이거든요. 반대로
> 김은희 씨는 개인적인 성향인데, 저희는 서로 터치를 잘
> 안 해요. 아이에게도 마찬가지고요. 그래서 같이 있으면
> 편안하죠. 기본적인 무드가 "뭐 도와줄 건 없어?" 정도고,
> "이렇게 해, 저렇게 하지 마" 같은 말은 거의 안 해요.
> 각자의 결에 맞는 이상향은 있겠지만 본질은 가족과 있을
> 때 행복하고 편안해야 하는 거잖아요.

가족과는 평소에 어떻게 시간을 보내나요?

> 같이 산책하고, 술도 같이 마시고, 맛있는 음식 같이 먹고.
> 저희는 모이면 아이템에 관해 이야기해요. 우리에겐
> 가장 재미있는 소재니까. 딸은 소설가나 영화감독 둘 중
> 하나를 하고 싶어 해서 구상 중인 영화나 소설에 관한
> 이야기도 종종 나눠요. 저희는 여행도 다 같이 움직여요.
> 숙소 정할 때부터 아이템 회의하듯이 링크 보내주고.
> 맛집도 같이 찾고.

유튜브 채널 '넌 감독이었어'에 댓글로 달린 "'희희'의 의인화"라는
표현을 듣고 무릎을 쳤습니다. 앞서 이미지에 대한 이야기도
나눴지만, 사람들이 장항준이라는 인물에게 호감을 표하는
이유가 뭐라고 생각하나요?

> 저도 그 표현을 봤는데, 정말이지 우리나라 네티즌들은
> 대단한 재능의 소유자예요. 제 생각에는 탈권위, 솔직함
> 이런 것 때문 아닐까요? 현장에서든 일상에서든 제
> 인생에 다 적용되는 원칙이니까.

장항준은 1969년 대구에서 태어났다. 세 남매 중 둘째였던 그는 유복했던 어린 시절을 지나 중고등학교를 거치며 글쓰기와 영화에 눈을 뜬다. 서울예술대학 연극과에 입학한 이후 1993년, 서울예대 고(故) 강한섭 교수의 소개로 김영빈 감독의 영화 ‹비상구가 없다›의 객원 연출부로 영화계에 입문한다.

—

우연히 닿은 기회에 방송작가로 경력을 쌓던 그는 1996년 개봉한 ‹박봉곤 가출사건›의 극본을 맡으며 시나리오 작가로 성공적인 데뷔를 한다. 영화감독으로서의 첫 작품은 2002년 ‹라이터를 켜라›로, 박정우 작가의 시나리오를 코믹하면서도 위트 있게 연출해 호평받았다.

—

영화 ‹북경반점›(1999), ‹불어라 봄바람›(2003), ‹죽지않는 인간들의 밤›(2020), tvN 드라마 ‹위기일발 풍년빌라›(2010), SBS 드라마 ‹드라마의 제왕›(2012~2013) 등의 각본을 집필했고, 영화 ‹귀신이 산다›(2004), ‹끝까지 간다›(2014)의 각색을 맡았다. 영화 ‹라이터를 켜라›, ‹불어라 봄바람›, ‹기억의 밤›(2017), ‹리바운드›(2023), ‹오픈 더 도어›(2023), SBS 드라마 ‹싸인›(2011)의 연출을 맡았다. 2024년에는 어니스트 헤밍웨이(Ernest Hemingway)의 단편소설 «살인자들»을 모티브로 4명의 감독이 각기 다르게 완성한 옴니버스 영화 ‹더 킬러스›를 공개했다.

장항준
Hangjun Chang

"

독보적인 천재가 아닌 이상, 아니 독보적 천재라 해도
소통할 줄 모르면 영화감독이라는 직업을 선택해선
안 돼요. 혼자 할 수 있는 일을 해야죠. 감독은
사람들을 아우르는 역할을 해야 하잖아요. 모든 걸
보고 관리하고 통솔하는 일을 하는 직업이기 때문에
현장에 있는 모든 사람의 역량을 한 컷에 집어넣기
위해 최대한 노력해야 해요. 그래야 내가 가진
능력보다 더 좋은 것을 만들어낼 수 있습니다.

"

Yonghoon
Kim

김용훈

Seoul

김용훈은 장편 데뷔작 ‹지푸라기라도 잡고 싶은 짐승들›과 넷플
시키며 한국형 하드보일드 장르의 새 지평을 열었다는 평가를
영상 매체가 주는 쾌감이라고 말하는 그는, 인물들의 개성을

시리즈 ‹마스크걸›을 통해 평단과 대중의 기대감을 모두 충족
다. 감독이 설계한 덫에 관객이 빠져들도록 하는 일이야말로
적으로 표현하며 자기만의 작품 세계를 구축하고 있다.

신선한 소재를 고르는 용기야말로 흥행 공식을 만들어요

서울 용산구 한남동 비미디어컴퍼니 회의실,
2024년 4월 29일 오후 3시

대중을 사로잡을 자신이 있다면 승부를 건다

다음 작품을 소설가와 함께 준비 중이라고요?

장편 데뷔작인 〈지푸라기라도 잡고 싶은 짐승들〉(2020)[1], 시리즈물로 선보인 〈마스크걸〉(2023)[2]이 모두 원작을 각색한 작품이었다면, 이번에는 직접 시리즈물을 집필하고 있어요. 원작이 없는 오리지널 작품인 셈이죠.

[1] 일본 작가 소네 게이스케가 집필한 동명의 추리소설이 원작이다. 각기 다른 절망적 상황에 놓인 사람들이 자신의 욕망을 위해 처절하고 위험한 일들을 벌이는 내용의 범죄물이다.

[2] 동명의 웹툰을 원작으로 하는 넷플릭스 시리즈. 외모 콤플렉스를 가진 평범한 직장인 김모미가 밤마다 마스크로 얼굴을 가린 채 인터넷 방송 BJ로 활동하며 겪는 일대기를 그렸다.

그러다 보니 다른 이의 생각이 듣고 싶더라고요. 긴 호흡의 장편을 저만의 생각으로 쓴다는 것이 조금 벅차기도 했고요. 평소 좋아하던 류현재[3] 작가에게 이야기의 개요인 시놉시스를 보여주고 시리즈물로 만들기에 괜찮은 아이디어인지 슬쩍 물어봤거든요. 반응이 꽤 좋더군요. 그래서 이 아이디어를 가지고 각자의 방법으로 작품을 만들어보자고 제안했죠. 그렇게 저는 대본을 류현재 작가는 소설을 쓰기 시작한 거예요.

시놉시스를 바탕으로 이야기를 전개하되 각자의 생각을 반영한 시리즈물과 소설을 선보이는 셈이군요.

처음에는 이야기의 큰 줄기와 캐릭터, 결말은 제가 정하되 세부적으로 사건을 풀어나가는 것은 각자 자유롭게 쓰는 걸 목표로 했죠. 그런데 원작이 없는 작품이다 보니 대본을 쓰는 와중에도 계속해서 새로운 생각이 떠오르더라고요. 제 성격이 다른 아이디어가 떠오르면 처음 의도한 결말이 아니더라도 무조건 써봐야 직성이 풀리거든요. 그래야만 아이디어의 좋고 나쁨을 판단할 수 있으니까요. 결국에는 결말을 미리 정해놓고 이야기를 풀 수가 없겠더라고요. 그래서

3   1973년생. 한국의 소설가. 2003년 방송작가로 데뷔해 ⟨MBC 베스트극장⟩을 통해 다양한 드라마를 선보였고, 지금은 남해로 귀어해 반은 작가, 반은 어부로 생활하며 소설을 쓰고 있다.

지금은 각자 쓴 내용을 공유하고, 그 내용에 서로 의견을 더하는 방법으로 서사를 완성해가고 있어요.

서로에 대한 신뢰 없이는 불가능한 작업이네요.

우선 제가 류현재 작가의 소설을 좋아해요. 그가 문장으로 구사하는 블랙코미디를 좋아하고, 세상을 보는 그의 시선도 흥미롭다고 느껴요. 성사되지는 않았지만 그의 소설을 영화화하려고 시도한 적도 있을 정도예요. 류현재 작가는 소설가가 되기 전에 방송작가로 활동한 이력이 있는데, 그때 제가 쓰려던 아이템을 드라마로 선보이려 했다고 해요. 물론 그 또한 여의치 않아서 결과로 나오진 못했지만요. 서로가 공통된 이야기에 끌렸다는 것인데요, 이 또한 작업할 때 좋은 시너지로 작용할 것 같았죠. 저희 둘 다 오래전부터 공통된 주제 의식을 탐구하고 있었다는 점에서, 서로에 대한 호감과 신뢰가 두터웠던 셈이죠.

시리즈물과 소설을 공개하는 시점은 정해졌나요?

시기적으로는 소설이 먼저 완성될 거 같아요. 대본과 동시에 쓰고 있으니까요. 다만 소설의 공개 시점을 OTT 플랫폼에서 시리즈물로 선보이는 시점과 맞추려고 하고 있어요. 두 가지 이유인데요. 우선 시리즈물과 소설을 분리해서 생각하지 않았고, OTT 플랫폼에서 공개된 작품은 소설이나 DVD 같은 2차 저작물로 선보일 수 없기 때문이에요. 소설을 신보이려면 작업을 미리 해놓고 동시에 공개하는 방법밖에 없는 것이죠.

OTT 플랫폼의 등장으로 장소와 시간의 굴레에서 벗어나 자유롭게 영화를 선택해서 보는 시대가 도래했어요. 덕분에 대중은 극장용 영화와 OTT용 영화를 구분하게 된 것 같아요. 시청각적 경험, 거장 감독의 연출, 흥행 배우 등 조건에 부합하는 영화여야만 티켓을 구매해서 극장에 가니까요.

과거엔 극장에서 볼 영화를 구분하기보다 성수기와 비수기처럼 극장에 가는 시즌이 정해져 있었죠. 여름이나 명절엔 극장에서 영화를 관람하는 게 의례적인 이벤트였으니까요. 그런데 코로나19로 일단 극장에 갈 수 없게 되었고, 그 사이에 OTT 플랫폼이 성행하면서 좋은 영화들을 집에서 볼 수 있게 되었잖아요. 그러다 보니 자연스레 극장에서 볼 영화를 선택하게 된 거예요. 단순하게 생각하면 좋은 영화를 만들면 극장의 위기를 해결할 수 있죠. 하지만 팬데믹 이후 국내 영화업계의 회복률이 좀 더딘 상황이에요. 가령 코로나19 시기에 개봉해야 하는 영화들이 원하는 때에 개봉을 못 하고 뒤늦게 개봉하다 보니 관객 입장에선 '트렌드'에서 멀어진 영화를 극장에서 보는 경우가 생겨요. 결국 극장에서 영화를 보고 실망하는 일이 늘어나는 것이죠. 또 뒤늦게 개봉한 영화는 완결성에 문제가 있다는 생각이 뒤따르기 때문에 일부러 그런 작품을 선택하지 않는 경향도 있고요.

극장의 위기가 신인 감독이나 장르물을 선보이는 감독에겐 앞을 가로막는 장벽처럼 느껴질 거 같아요. 실제로 장르물을 선보이는 감독으로서 어떤 위기의식을 갖고 있나요?

저는 지금이 과도기라고 생각해요. 극장의 위기가 감독에게 미치는 악영향도 분명히 있지만, 다르게 보면 더 좋은 기회를 보장받을 수도 있다고 보거든요. 최근에 천만 영화가 연속해서 나오고 있잖아요. 〈서울의 봄〉(2023)[4]과 〈파묘〉(2024)[5]가 대표적이고, 〈범죄도시4〉(2024)[6]도 현재 흥행 성적을 고려하면 천만 영화가 될 거 같고요.

4   김성수 감독의 영화. 1979년 12월 12일에 발발한 군사 반란을 막기 위한 일촉즉발의 9시간을 그렸다.

5   장재현 감독의 세 번째 장편영화. 거액의 돈을 받고 수상한 묘를 이장한 풍수사와 장의사, 무속인들에게 벌어지는 기이한 사건을 담은 오컬트 미스터리 작품.

6   〈범죄도시〉 시리즈의 네 번째 작품으로, 허명행 감독이 연출을 맡았다. 2편과 3편에 이어 4편도 천만 관객을 돌파하며 한국 시리즈 영화 사상 최초로 세 편 연속 천만 흥행이라는 기록을 세웠다.

그런데 이 영화들의 개봉 시기를 한번 살펴보면 〈서울의 봄〉은 11월, 〈파묘〉는 2월, 〈범죄도시4〉는 4월이거든요. 모두 비수기에 개봉한 작품이에요. 코로나19 이전의 판남 패턴으로 보면 이 시기에는 주로 자신 없는 영화를 극장에 내걸던 시점이란 말이죠. 그런 시즌에 작품들이 성공했다는 건 소비자들이 대작 영화인지와 상관없이 작품을 선택해서 본다는 걸 의미해요. 그러니까 저는 오히려 이런 시기에 제가 할 수 있는 한 최선의 작품을 선보이면 언제든지 승부를 볼 수 있다는 믿음을 갖고 있어요. 또한 OTT 플랫폼이 활성화되면서 극장에 영화를 걸지 않고도 자신의 이름을 알릴 기회가 생겨나고 있고요.

〈마스크걸〉 또한 OTT 플랫폼이 아니었다면 지금과 동일한 형식으로 공개하기 어려웠겠죠.

OTT 플랫폼이 없었다면 〈마스크걸〉의 포맷도 달라졌을 거예요. 작업을 포기했을 수도 있고요. 처음부터 OTT 를 고려한 건 아니었지만, 대본을 다 쓰고 보니까 7회 분량으로 선보일 수밖에 없는 작품이 나온 것이죠. 분량을 줄이거나 더 늘릴 생각이 없었으니 OTT 플랫폼이 저에게는 긍정의 역할을 한 셈이에요. 다만 우리나라의 경우는 쏠림 현상이 좀 있는 것 같아요. OTT

플랫폼의 성장으로 인해 극장의 존폐 위기가 거론되고, 지상파 드라마의 광고가 잘 붙지 않죠. 결국에 돈이 되는 플랫폼이 OTT뿐이니까 모든 콘텐츠가 OTT 플랫폼 포맷에 맞추려고 애쓰는 상황이 된 거예요. 저는 OTT 플랫폼이 콘텐츠 산업의 선도자가 되어도 괜찮다고 보는 입장이지만, 국내에서만큼은 선도자로서 제대로 된 역할을 하지 못하고 있는 것 같아요. 그나마 다행인 건 극장과 지상파 드라마가 조금씩 가치를 입증해내고 있다는 거예요. 앞서 천만 영화들이 그랬고, tvN 드라마 〈눈물의 여왕〉[7]도 20퍼센트 이상의 시청률을 달성했으니까요.

OTT 플랫폼 덕분에 시리즈물을 끊지 않고 몰아볼 수 있게 되었어요. 그래서 그런지 작품의 긴 상영시간에 대한 부담감도 줄어든 것 같아요. 실제로 극장에서 상영하는 영화들도 상영시간이 점점 길어지는 추세이고요.

OTT와 숏폼 콘텐츠의 성행이 창작자에게 상영시간의 굴레에서 벗어날 기회를 제공했다고 생각해요. 과거 티브이나 극장에서 콘텐츠를 소비하던 시절에는 오히려 상영시간을 굉장히 중요시했거든요. 티브이에서는 한 회당

7 2024년에 방영된 16부작 드라마. 배우 김수현과 김지원이 주연을 맡았다.

50~60분의 작품을 선보여야만 광고가 붙기 때문에 방송국에서 상영시간을 규격화했고, 극장은 상영하는 회차를 늘리기 위해서 상영시간이 120분이 넘어가는 영화를 선호하지 않았죠. 실제로 투자자나 제작사들이 계약서에 원하는 상영시간을 명시했고요. 그런데 지금은 시간과 공간의 제약을 받지 않는 플랫폼이 존재하다 보니 창작자들이 훨씬 자유롭게 콘텐츠를 제작할 수 있어요. 소비자 또한 다양한 포맷으로 콘텐츠를 감상했기 때문에 상영시간이 길든 짧든 신경 쓰지 않고요. 이제는 상영시간이 아니라 상영하는 동안 몰입감을 얼마나 줄 수 있는지가 더 중요한 시대이죠.

감독님은 대학 졸업 후 CJ ENM[8]에 입사해 10년 가까이 영화 기획팀, 제작팀, 투자팀을 오가며 일했어요. 당시의 경험을 통해 영화문법으로 각색하기 좋은 원작을 발견하는 능력을 키웠을 것 같아요.

10년 가까이 일했으니까 분명 도움이 되었겠죠. 다만 당시에 제가 콘텐츠를 바라보는 관점은 철저하게 대중적인 시선이었어요. 대중이 좋아하는 것을 파악해 작품을 선별하는 눈을 키운 셈이에요.

8   CJ그룹 계열의 종합 엔터테인먼트 기업. 사업 분야는 방송, 미디어, 영화, 홈쇼핑을 망라한다.

지금은 대중보다는 저 자신을 먼저 생각해요. 봤을 때
가슴이 떨리는 작품을 선택하는 것이죠. 대중의 눈높이를
낮춰본다는 게 아니라, 제가 첫 번째 관객이라는
생각으로 작품을 고른다는 의미예요. 제가 잘할 수 있는
게 무엇인지 알아야 좋은 작품을 선택해 자신의 것으로
체화할 수 있으니까요. 한 작품이 세상에 나오기까지
최소 3년이 걸리거든요. 긴 시간을 설레지 않는 작품을
위해 매달린다고 생각하면 허탈하지 않을까요?

그렇다면 질문의 범위를 넓혀보죠. 엔터테인먼트 기업의
입장에서 본 영화의 흥행 공식은 무엇인가요?

휴머니즘이 담겨 있는가, 적절한 유머가 있는가,
음악이 감정선을 끌어내는가, 감독과 배우가 누구인가
등의 흥행 공식이 있죠. 그런데 무슨 공식이건 항상
깨지잖아요. 〈부산행〉(2016)⁹이 대표적인 사례예요.
〈부산행〉 등장 이전만 해도 국내 영화업계에서 좀비는
비주류 아이템이었거든요.
제가 영화 투자팀에서
근무할 때 투자를 제대로
못 받은 좀비 영화가 열 편
이상 존재했어요. 대부분
"마이너하다", "좀비는

> 9   연상호 감독의 첫 실사
> 영화이자 좀비 블록버스터로 천만
> 관객을 돌파하였다. 정체불명의
> 바이러스가 확산된 가운데, 열차에
> 몸을 실은 사람들이 안전한
> 부산으로 가기 위해 치열한 사투를
> 벌인다.

서양 정서라서 한국 대중에게 어필하기 어렵다"라는 평가를 받았죠. 그런데 〈부산행〉이 흥행하니까 상황이 완전히 역전된 거예요. 지금까지도 좀비물이 계속해서 나오잖아요? 흥행 공식이란 누군가의 용기에서 비롯되는 흐름 같다는 생각을 해요. 아무도 봐주지 않을 때 그 영화를 선택하는 용기가 결국 흥행 공식을 깡그리 무너뜨릴 수 있으니까요. 아마 좀비물도 어느 순간이 오면 "언제 적 좀비 영화냐" 같은 말을 듣는 날이 오겠죠. 그러면 또 누군가가 나서서 흡혈귀 같은 새로운 소재에 투자할 테고요. 투자팀에 있으면서 배운 건 신선한 소재를 고르는 용기야말로 흥행 공식을 만든다는 것이었어요.

김용훈

스스로 구축한 세계로 관객을 끌어들이는 것이
영화감독의 일이다

여러 차례 대기업을 퇴사한 이유를 밝힌 바 있어요. "영화를 하고 싶은 마음이 정말 컸다"라고 대답했죠. 이번에는 영화과를 졸업하고 대기업에 입사한 이유를 물어볼게요.

줄곧 영화감독을 꿈꿨어요. 영화과를 졸업해서 연출부가 아닌 취업을 선택한 것이 저에게 탈선이라면 탈선이었죠. 그럼에도 많은 도움이 되었다고 생각해요. 넓은 시각으로 영화를 바라보게 되었고, 훌륭한 영화감독의 작업을 먼저 경험할 수 있었으니까요. 일단 왜 탈선했느냐고 묻는다면, 영화과 학생일 때만 해도 영화감독이 하고 싶으면 연출부에 들어가 일하는 게 일반적인 방법이었어요. 그런데 학생 때 연출부 일을 몇 번 해보니까 저랑은 안 맞더라고요. 제가 연출부에 관해 거창한 생각을 갖고 있었어요. 연출부는 굉장히 창의적인 집단이고, 영화감독과 직접 대화하며 작업하는 줄 알았거든요. 실상은 전혀 그렇지 않았죠. 그걸 경험하니까 연출부에 들어가 조감독이 되고, 그 이후에 영화감독이 되는 길이 막막하더라고요. 그래서 단편영화가 되었든 무엇이 되었든 일단 제 작품으로 현장을 가자고 다짐했죠. 때마침 졸업 시기에 CJ ENM 에서 영화 기획 인턴을 모집했어요. CJ ENM이란 회사는 굵직한 엔터테인먼트 기업이었고, 투자하거나 배급한 영화들 또한 꽤 좋은 흥행 성적을 거두던 터라, 인턴 생활이 좋은 영화감독이 되는 데 밑거름이 될 것 같았어요.

영화감독은 언제부터 꿈꿨나요?

본격적으로 영화감독에 흥미를 느낀 건 앨프리드 히치콕(Alfred Hitchcock)[10] 감독이 연출한 〈싸이코〉(1960)[11]를 보고 난

10   영국 출신의 영화감독으로 서스펜스 스릴러 장르의 거장으로 평가받는다. 절묘한 기법으로 관객의 마음을 움직이며, 대표작으로는 〈현기증〉, 〈북북서로 진로를 돌려라〉, 〈싸이코〉 등이 있다.

11   앨프리드 히치콕이 감독이자 제작자로 참여한 미국의 스릴러영화. 1959년에 로버트 블로흐가 발매한 동명의 소설이 원작이다. 돈을 횡령해 도피 중인 마리온 크레인이 외딴 모텔의 주인인 노먼 베이츠를 만나면서 이야기가 시작된다.

이후예요. 고등학생 때였는데 엄청난 충격을 받았어요. 흑백 영화인데도 그 안에서 감정이나 온도, 분위기가 그 어떤 컬러 이미지보다 생생하게 전달되었거든요. 영화가 남긴 잔상이 또렷하니까 그 이후에 히치콕과 관련한 서적들을 찾아 읽기 시작했죠. 지금도 기억나는 책이 한 권 있는데요. 영화감독 프랑수아 트뤼포(François Truffaut)[12]가 쓴 《히치콕과의 대화》라는 책이에요. 트뤼포가 히치콕과 만나 인터뷰한 내용이 담겨 있죠. 이 책을 보고 영화의 장면 장면이 철저하게 감독에 의해 계산된 것이라는 사실을 알게 되었어요. 특정 장면에 왜 이런 효과음을 사용했는지, 촬영할 때 구도와 각도가 어떤 의미가 있는지 같은 사실을 알게 되니까 영화감독이란 직업에 호기심이 생기더라고요. 저는 평소에 말하는 걸 좋아하거든요. 그래서 말할 때도 어떻게 말하면 사람들이 즐겁게 반응할지를 고민하는 성격이에요. 그러니까 자기만의 세계를 구축한 뒤 그 세계로 사람들을 초대하는 일을 하는 사람들이 대단하고 근사해 보일 수밖에 없는 거죠.

여러 회사 업무가 영화감독을 위한 자양분이었겠네요.

처음 입사할 때만 해도

12   프랑스의 영화감독이자 영화평론가. 누벨바그를 이끈 핵심 인물로, 영화 잡지 《카이에 뒤 시네마》를 중심으로 다방면에서 활약했다. 대표작으로는 〈400번의 구타〉, 〈피아니스트를 쏴라〉, 〈쥘 앤 짐〉 등이 있다.

10년 가까이 다닐 거라고는 예상하지 못했는데, 정말 일이 잘 맞았어요. 새로운 아이템을 기획하는 업무가 적성에 맞더라고요. 그 누구보다 즐겁게 일하니까 계속해서 좋은 기회가 열렸고 다양한 업무를 할 수 있게 된 거예요. 그런데 마음은 늘 그만둘 생각을 하고 있었어요. 원래라면 더 빨리 사표를 냈을 텐데, 결혼하고 아이도 생기니까 계속 안주하게 되더라고요. 물론 회사도 만족스러웠고요. 실제로 그만둔다고 공식적으로 말했을 때 팀원 모두가 당황스러워했어요. 제가 부서 면접 때마다 영화감독이 꿈이라 서른다섯 살에는 회사를 그만둬야 한다고 말했는데도, 항상 즐겁게 다니니까 다들 한 귀로 듣고 한 귀로 흘린 거 같아요. (웃음)

용기 있는 선택이네요. 사실 영화감독이란 게 하고 싶다고 해서 다 할 수 있는 직업이 아니잖아요. 마음먹는 것과 잘 해내는 건 다른 문제니까요.

그래서 테스트를 해봤죠. 회사에 다니면서 틈틈이 단편영화를 준비했어요. 그 정도는 할 수 있을 거라고 생각했죠. 그렇게 완성한 영화가 〈삭제하시겠습니까?〉(2015)예요. 이게 하루 만에 촬영한 영화인데, 촬영 현장이 제가 경험한 그 어떤 하루보다 강렬하게 다가왔어요. 그때 제 자신이 살아 있다는

《언톨드 오리지널스》 중 p.41
(비미디어컴퍼니, 2024.2)

좋은 기회가 있어 CJ ENM 영화 부문에 인턴으로 입사하게
되었어요. 회사 생활은 정말 재미있었는데, 영화감독에 대한
열망은 계속 남아 있었죠. 그러던 중 제가 하정우 배우가 연출한
영화 〈롤러코스터〉의 투자 담당을 맡게 되었고, 그때 크게
자극을 받았어요. 하정우라면 우리나라에서 가장 바쁜 사람
중 한 명이잖아요. 그런데 본인이 하고 싶은 일을 어떻게든
해내는 모습을 보며 '본업이나 가정이 있어서 어쩔 수 없다'는
생각이 다 핑계처럼 느껴지더라고요. 뭐든 해야겠다는 생각에
당시 회사에서 받은 상여금 400만 원을 제작비로 단편영화를
찍었어요. 정말 힘들었지만 확신이 들었죠.

생각을 처음 한 것 같아요. 그런 감정을 세게 느끼니까 회사 일을 더는 못하겠더라고요.

테스트작의 반응은 어땠나요?

긍정적인 반응도 있었지만, 조롱과 비난을 더 많이 받았던 것 같아요. (웃음) 그럼에도 이 일을 반드시 해야 한다는 확신을 얻었죠. 아내도 한번 해보라고 응원해줬고요. 무엇보다 고마운 은인 같은 분이 있는데요. 당시 CJ ENM의 정태성 대표님이 제가 그만둔다는 소식을 듣고 3개월 유급휴가를 제안했어요. 가정도 있으니까 무턱대고 그만두지 말고 3개월간 시나리오를 써보고, 그 시나리오가 마음에 들면 회사를 그만두고 마음에 안 들면 다시 회사로 돌아오라고 했죠. 그때 쓴 시나리오가 제 첫 장편 데뷔작인 〈지푸라기라도 잡고 싶은 짐승들〉이에요.

〈지푸라기라도 잡고 싶은 짐승들〉은 동명의 소설이 원작이죠. 소설을 어떤 경로로 접했나요?

유급휴가를 받고 시나리오를 쓸 무렵에 접했어요. 갈피를 못 잡고 있을 때였거든요. 두 개의 시나리오를 썼는데, 제가 봐도 영화화하기엔 무리가 있겠더라고요. 마음이 조급한 상태에서 제가 좋아하는 이야기를 쓰기보다는 투자를 잘 받을 수 있는 이야기를 썼어요. 당시 <수상한 그녀>(2014)[13]라는 작품이 적은 비용으로 대박을 터트린 대표적인 영화였거든요. 그런 스타일의 이야기를 쓴 것이 화근이었죠. 스스로 납득을 못 하니까 남한테 내보일 자신이 없었어요. 또 다른 시나리오는 너무 제 성향으로 몰고 가버려 지나치게 마이너하다는 평가를 받았고요. 이래도 안 되고, 저래도 안 되는 상황에서 벗어나려고 무작정 서점에 갔는데 «지푸라기라도 잡고 싶은 짐승들»이란 제목이 눈에 들어오더라고요. 작가가 제 심정을 묘사한 것 같았거든요.

운명의 책을 만난 셈이군요.

그렇죠. 만일 다른 제목이었다면 읽지도 않았을 거예요. 표지 뒷면 소개 문구를 읽는데, 딱 제가 좋아하는 범죄물인 거예요. 그래서 운명이구나 했죠. 집에 와서 읽었는데 하루 만에 다 읽었어요. 몰입도가 좋아서 이거라면 영화로 만들어도 좋겠다 싶었죠.

13 황동혁 감독의 코미디 영화. 아들 자랑이 유일한 낙인 욕쟁이 할머니 오말순이 우연히 '청춘 사진관'에서 사진을 찍고 20대 젊은 시절의 외모로 변하게 되면서 겪는 유쾌한 일상을 그렸다.

소설을 각색하는 데 어려움은

없었나요?

일본 작가인 소네 게이스케(Keisuke Sone)[14]의 소설로 서술 트릭(narrative trick)이 돋보이는 작품이에요. 서술 트릭은 독자가 작품 밖에 존재한다는 점을 이용해서 의도적으로 편향된 서술을 해서 독자를 속이는 글쓰기 방법인데, 이걸 시청각물로 표현하면 관객에게 흥미를 주지 못해요. 쉽게 말해 캐릭터의 이름을 숨기는 서술 트릭으로 소설에선 충격적 반전을 선사할 수 있지만, 영화에서는 관객이 캐릭터의 얼굴을 전부 알기 때문에 이름을 숨기는 등의 속임수가 통하지 않죠. 그래서 서술 트릭을 영화적 문법으로 풀어내기까지 시간이 좀 오래 걸렸어요. 그런데 그걸 해결하니까 충분히 재미있는 영화로 각색할 수 있겠다는 확신이 들더라고요. 소설은 줄곧 중심인물의 시점에서 이야기를 끌고 가는 형태를 취하지만, 제 작품은 영화이기 때문에 새로운 인물의 시각을 통해서 중심인물의 이야기에 몰입할 수 있도록 변화를 줬어요. 가령 전반부는 중심인물이 자기 시선으로 이야기를 풀어낸다면, 중·후반부부터는 관찰자 같은 인물을 추가해서 전반부의 인물들이 왜 그런 행동을 할 수밖에

14   와세다 대학 상학부를 중퇴하고 소설 집필에 몰두해 2007년 «코»로 제14회 일본호러소설대상 단편상을 받았고, 그후 «침저어»로 제53회 에도가와 란포상을 수상하며 데뷔했다.

없었는지를 보여주는 구조로 변경한 것이죠. 관객은 관찰자와 함께 전반부의 실마리를 하나둘 풀어나가요. 퍼즐이 맞춰지는 순간 반전과 충격을 경험하는 것이죠.

〈지푸라기라도 잡고 싶은 짐승들〉은 안정적인 리듬과 스타일, 배우들의 든든한 연기가 뒷받침된 웰메이드 범죄영화로 호평받았고, 로테르담 국제영화제[15]에서 심사위원특별상을 수상했어요.

〈지푸라기라도 잡고 싶은 짐승들〉은 편집실에서 너무 오랫동안 고생을 한 작품이에요. 그 과정이 지옥 같았어요. 그런데 첫 상영을 운이 좋게도 로테르담 국제영화제에서 했어요. 일단 영화제에서 영화를 상영하면 좋은 것이, 관객들 대부분이 뜨거운 반응을 보내요. 기본적으로 영화제에 온 사람들은 마음이 열려 있잖아요. 그런 걸 알고 있음에도 반응이 좋고, 상도 받으니까 그간 고생한 것들이 한 번에 씻겨 내려가더라고요. 그리고 한국에서 처음 상영한 순간도 기억에 남는데요. VIP 시사였을 텐데, 배우와 함께 작품을 처음 보는 순간이기도 해서 저는 영화를 차마 보지

15   네덜란드 로테르담에서 매년 열리는 국제영화제. 1972년 제1회 영화제를 개최한 이래 매년 1월과 2월 사이에 열린다. 종래의 관습에 물들지 않은 독립적이고 혁신적인 영화를 높이 평가한다.

못하겠더라고요. 감독의 첫 데뷔작이니까 다들 저에 대한 불신으로 가득한 상태였단 말이죠. (웃음) 그래서 밖에 나가 있었죠. 그런데 사람 마음이 웃긴 게 관객으로 온 배우들의 반응이 궁금한 거예요. 결국에 상영관으로 다시 들어갔는데 전도연 선배의 웃음소리가 그 어떤 소리보다 크게 들리더라고요. 그때 막힌 혈이 시원하게 풀리는 느낌을 받았어요.

김현수, ‹지푸라기라도 잡고 싶은
짐승들› 김용훈 감독 - 서스펜스를
따라가며 긴장과 유머를 조율한다
(«씨네21», 2020.3.12)

촬영 전에 촬영, 조명감독님과 함께 고민한 것은 인물마다 라이팅을 다르게 하자는 것이었다. 예를 들면 전도연 배우가 맡은 연희는 화이트, 태영은 블루, 미란은 주홍, 진태는 보라 등의 캐릭터 컬러를 지정한 다음 라이팅을 전부 달리하고 이들이 서로 뒤엉킬 때는 색도 섞자는 이야기를 했다.

창밖에서 실내로 쏟아지는 빛을 보여줄 때는 블라인드를 투과하는 빛의 윤곽들로 깊이감을 줄 수 있게 표현했고 그 빛이 인물과 상황을 때리는 느낌이 들기를 바랐다. 가학적인 빛이랄까. 몸을 뚫고 나가는 빛을 상상했다. 색보정에도 세심한 노력을 기울인 덕분에 창밖에서 쏟아져 들어오는 빛과 인물 개개인의 조명색이 뒤섞여 풍부한 색감을 자아낸다.

현장에서 좋은 사람보다는 좋은 영화감독이 되려고 한다

영화감독으로서 데뷔작에 대한 호평을 어떻게 받아들이나요?

> 정말로 고맙죠. 신인 감독이 호평받는 게 쉽진 않잖아요.
> 아무래도 데뷔작이라서 좀 더 좋게 표현해준 것 같다는
> 생각을 해요. 저한테는 아픈 손가락 같은 영화거든요. 모든
> 감독이 그렇겠지만 스스로 현장에서 타협한 부분이 계속
> 눈에 밟혀서 지금은 잘 못 봐요. 좀 더 악착같이 촬영해야
> 할 장면인데 그러지 못했다는 생각이 계속 드니까요. 좋은
> 영화감독이 되려고 하는데, 영화를 보고 있으면 그냥 좋은
> 사람이 되고 싶어 하는 제 모습이 보여요.

좋은 사람이요?

현장에서 제 'OK' 한마디면 촬영이 더 일찍 마무리되잖아요. 영화감독으로서 집요함을 보여야 하는데 현장 분위기를 위해서 그 집요함을 잠시 내려놓은 거죠. 빨리 끝내주면 모두가 좋아하니까요.

회사 생활하다가 영화감독이 되어 현장을 지휘하는 것이 결코 만만한 일은 아니었을 것 같아요. 어떤 컷이 'OK'인지 어떤 컷이 'NG'인지를 판단하는 감을 키우는 시간도 필요할 것 같고요.

이건 좀 사담이긴 한데요. 전도연 선배랑 첫 촬영을 할 때 저도 모르게 긴장이 되는 거예요. 전도연 선배의 연기를 보고 'NG'를 외칠 수 있을지도 확신이 안 섰고요. 장편영화의 감독으로 현장에 선 게 처음이니까요. 극 중 미란(신현빈 분)이 남자를 죽인 다음 차 안에서 떨고, 연희(전도연 분)가 담배를 태우고 차로 다가와서 "묻자"라고 말하는 장면이 있거든요. 이때 분위기를 고조시키기 위해서 '연기'를 바닥에 자욱하게 깔았어요. 이 장면을 촬영할 때 전도연 선배의 연기가 좀 아쉽더라고요. 그런데 감독으로서 배우에게 연기가 왜 아쉬운지 정확히 설명을 해줘야 하잖아요? 당시에는 경험이 없다 보니 그걸 잘 모르겠는 거예요. 느낌으로는 알겠는데 어떻게 표현할지를 몰랐던 거죠. 그래서 적당한 핑계를 대며 그 순간을 회피했어요. 안개 효과가 좀 부족해서 다시 촬영하자고 말했거든요. 그랬더니 전도연 선배가 "제 연기를 안 보고, 다른 연기를 봤네요?"라고 되묻더라고요. 그 말을 들으니까, 망치로 한 대 얻어맞은 것 같더군요. 영화감독인데 현장에서 배우의 연기를 판단할 수 없는 자신이 부끄럽기도 했고요. 그때부터 정말 열심히 배우의 연기를 집중해서 본 것 같아요. 그렇게 계속 보다 보니까 어느 순간에 거짓말처럼 연기의 좋고 나쁨이 보이더라고요. 배우들이 자기 연기에 만족하는지 어떤지도 보이고요. 비로소 배우의 연기를 평가할 수 있게 된 거죠. 영화감독이 배우와 스태프에게 신뢰를 얻는 데는 집중해서 연기를 모니터링하는 방법이 유일해요.

제작 현장에서 반드시 지키는 원칙이 있나요?

스토리보드[16]를 만들어요. 이는 시리즈물도 마찬가지고요. 〈마스크걸〉 때도 첫 신부터 마지막 신까지 7시간 분량의 스토리보드를 모두 그려서 현장에 가지고 갔을 정도예요. 스토리보드는 약속된 이야기를 함께 만들 때 효율성을 높이기도 하지만 제가 갖는 불안을 희석하는 용도이기도 해요. 물론 현장의 상황과 촬영하는 날의 느낌에 따라서 장면의 일부를 다르게 연출하는 경우도

16   영화, 광고 등을 제작할 때 이야기의 내용을 이해할 수 있도록 미리 일러스트나 사진을 사용해 시각적으로 정리한 것.

종종 있지만, 사전에 준비가 안 되어 있으면 아직은
좀 불안하더라고요. 물론 언젠가 이 원칙이 깨질 수도
있겠죠. 흥행 공식처럼 원칙은 변하기 마련이잖아요.
(웃음)

두 번째 연출작 〈마스크걸〉은 넷플릭스 오리지널 시리즈예요.
신인 영화감독이 차기작을 OTT 플랫폼에서 공개하는 것은 꽤
도전적인 행보처럼 보여요.

지금은 영화감독이 OTT 플랫폼을 통해서 새로운
작품을 선보이는 게 자연스러워졌다고 생각해요.
국내를 대표하는 봉준호 감독이나 황동혁[17] 감독도 OTT
플랫폼을 통해서 자기의 가치를 입증한 경험이 있고요.
〈마스크걸〉의 경우는 원작을 읽을 때 시리즈로 제작할
수밖에 없다고 생각했어요. 그러니까 넷플릭스를 먼저
선택하고 〈마스크걸〉을 제작한 게 아니라, 〈마스크걸〉을
계획하고 넷플릭스를 선택한 것이죠. 만약에 장편영화로
〈마스크걸〉을 제작할 수 있었다면, 그렇게 했을 거예요.

원작의 판권을 허락받는 일도
감독의 역할인가요?

보통은 제작자가 판권

17   한국의 영화감독으로
대표작으로는 〈도가니〉, 〈수상한
그녀〉, 〈남한산성〉 등이 있다. 2021년
넷플릭스 드라마 〈오징어 게임〉을
통해 전 세계적으로 이름을 알렸다.

허락을 받죠. 사실 그러면 안 되는데요. 저는 작품이
마음에 들면 습작하듯 시나리오 형태로 바꾸는 작업을
해요. 그러다 보면 유독 잘 풀리는 이야기가 있어요.
그러면 제가 먼저 원작자를 수소문해서 연락해 영화화가
가능한지 물어보는 편이에요. 이미 판권이 팔린 것들이
다수여서 제가 쓴 시나리오를 공개할 수 없는 게 많긴
한데요. 그래도 아쉽지 않은 건 책을 시나리오 형식으로
옮기는 게 글 쓰는 데 도움이 되기 때문이에요. 책의
문장을 그대로 옮겨 적는 게 아니라 대본 형태로
옮기려면, 저자가 어떤 생각으로 이야기를 구상했는지
더 깊이 파고들어야 하거든요. 계속해서 저자의 의도를
이해하고 시나리오로 옮기다 보면 자연스레 영화적
글쓰기 능력이 늘 수밖에
없는 거죠.

그럼에도 시나리오로 옮겨둔 것
중에 아쉬운 작품이 있겠죠?

이사카 고타로(Kotaro
Isaka)[18] 작가가 쓴
《마리아비틀》[19]을 읽다가
마음에 들어서 습작하듯
시나리오를 썼는데, 저도

18   재치 있고 유머러스한
문장으로 어두운 주제까지
경쾌하게 풀어내는 일본의 소설가.
2000년 《오듀본의 기도》로
신초미스터리클럽상을 수상하며
데뷔했고, 2002년 《러시 라이프》
로 평단의 주목을 받기 시작했다.

19   킬러라는 직업을 가진
인물들을 중심으로 사회와 인간의
어둠과 욕망을 풀어내는 이사카
코타로의 《킬러 시리즈》 중 두
번째 이야기. 우연히 신칸센에
올라탄 킬러들의 쫓고 쫓기는
추격전을 그린 작품이다.

모르게 완성한 거예요. 그래서 수소문해서 판권 허락을 받을 수 있는지 물어봤죠. 그런데 누군가에게 팔렸다고 하고, 그게 누구인지는 안 알려주는 거예요. 보통 그럴 때는 포기하는데 이상하게 누가 판권을 가졌는지 알고 싶어서 집요하게 파고들어 기어코 알아냈어요. 영화배우 브래드 피트(Brad Pitt)가 샀더라고요. 그걸 들으니까 단번에 포기가 되는 거죠. (웃음) 나중에 〈불릿 트레인〉(2022)[20]이란 이름의 영화로 개봉했는데, 저는 개인적으로 아쉽게 봤어요. 제가 더 재미있게 썼거든요. (웃음)

〈지푸라기라도 잡고 싶은 짐승들〉과 〈마스크걸〉 모두 빛과 어둠의 질감, 인간의 내면을 표현하는 색채 등이 돋보이죠. 감독님을 영화 세계로 이끈 히치콕 감독의 영향이라고 봐도 좋을까요?

히치콕 감독의 영향력이 제 영화 인생에 안개처럼 짙게 깔린 것 같아요. 의미 없이 낭비하는 장면을 보는 걸 잘 못 참거든요. 그러다 보니 스토리보드가 굉장히 중요한 것이고요. 촬영 전 꼼꼼한 스토리보드 작업을 통해 어떤 숏이 가장 적합할지 신중하게

20 〈존 윅〉, 〈데드풀 2〉를 연출한 데이비드 리치 감독이 브래드 피트, 조이 킹 등 할리우드 스타들을 대거 캐스팅해 화제를 모은 액션 블록버스터 영화. 이사카 코타로의 《마리아 비틀》을 영화로 각색했다.

선택하는 편이죠. 가령 ‹마스크걸›에서 김모미
(나나 분)가 자신의 살해를 자수하고 화려한 삶을
포기하잖아요. 그런 김모미의 선택을 보여주기 위해서
교도소 장면을 흑백으로 촬영했어요. 당시에 교도소를
현실적으로 표현할지 아니면 인물의 심정과 상황을
미학적인 방법으로 표현할지에 대한 고민을 정말 많이
했거든요. 결국은 인물의 상황을 시각화하기로 결심한
거죠.

배우가 배역에 몰입하는 것처럼 감독도 작품에 몰입할 겁니다.
도덕적 결함을 지닌 악인이 등장하는 장르영화를 만드는 순간이
괴롭지 않나요?

오히려 재미있어요. (웃음) 사람들의 민낯을 보는 걸
좋아하거든요. 제가 작품을 통해서 내보인 이야기는
사람의 민낯을 통해 드러나는 욕망에 가까워요.
현실에서는 모두 어느 정도 가면을 쓰고 살아가잖아요.
그런데 작품을 쓸 때는 가면 속에 감춰진 민낯을
마음껏 들여다볼 수 있어서 흥미로워요. 정확히는
민낯이 드러나는 순간 발생하는 '아이러니'를 좋아해요.
이를테면 ‹마스크걸›에서 김모미(이한별 분)는 스스로를
못생겼다고 생각해 성형수술을 받지만, 주오남(안재홍
분)에겐 아름다운 여성이죠. 김경자(염혜란 분)에게

최고의 악녀는 자신의 아들을 살해한 김모미(나나 분)인 반면 김모미(고현정 분)에게 최고의 악녀는 자신의 딸 김미모(신예서 분)를 살해하려는 김경자이고요.

지금까지 선보인 두 작품에 별점을 매긴다면요?

저는 못 매길 것 같아요. 확실히 말할 수 있는 건 몇몇 장면이 부족하고 아쉬웠던 〈지푸라기라도 잡고 싶은 짐승들〉과 달리 〈마스크걸〉은 평론가나 대중의 평가가 전혀 중요하지 않아요. 제가 할 수 있는 최선을 다한 작품이니까요. 그러니까 혹평을 받아도 그걸 받아들일 자세가 된 거죠. 물론 시간이 지나서 돌이켜 보면 부족한 부분이 보일 수도 있을 거예요. 그런데 아쉬움이 보인다는 건 그만큼 제가 성장했다는 의미이니 그대로 괜찮은 것이죠.

《언톨드 오리지널스》 중 p.43
(비미디어컴퍼니, 2024.2)

저는 인간의 '욕망'을 다루는 이야기에 끌리는 것 같아요. 그런데
이 욕망이라는 것이 인간만이 갖고 있는 고유한 것이라는 생각이
들거든요. 순수한 탐욕이든 이중성이든 이러한 인간의 욕망을
다룰 때 그 안에서 기인하는 장르적 긴장을 만들어낼 수도 있고,
블랙코미디적 웃음을 만들어낼 수도 있는데, 이렇게 표현되는
모습이 가장 사람다운 모습인 것 같아요. 그리고 이런 욕망을 가진
캐릭터들이 득시글한 게 저한테는 참 흥미롭고 재미있어요. 결국
인간의 본질에 대해 이야기하고 싶은 거겠죠.

영화를 통해 내보이는 자기다움이 곧 아름다움이다

감독님이 연출한 작품은 모두 시대상을 반영해요. 감독님은
영화가 세상을 바꿀 수 있다고 믿나요?

저는 영화로 어떤 메시지를 남기지는 않지만, 그럼에도
영화가 세상을 바꿀 수 있다고 믿어요. 영화가 제 삶을
바꿨으니까요. 저처럼 영화에 영향을 받은 사람들이
하나둘 모인다면 세상 또한 바뀌지 않을까요?

작품의 성공이나 성취가 감독님에게 어떤 길을 열어줬나요?

제가 하고 싶은 이야기를 할 수 있게 되었어요. 처음
작품을 할 때만 해도 "이런 건 안 좋다", "이런 건 좀 빼야

한다"라는 말을 많이 들었거든요. 지금은 오히려 제 이야기에 기대를 많이 하는 것 같아요. 그게 또 부담으로 다가오지만, 이 또한 제가 극복해야 할 과제겠죠.

평소 작업 시간은 어떻게 관리하나요?

출퇴근이 없는 프리랜서의 삶을 사는데요. 그렇다고 해서 갑자기 여행을 가거나 하지는 않아요. 작품에 들어가면 사실 제 삶의 패턴이 아니라 작품의 패턴에 맞춰서 생활하게 되잖아요. 그러다 보니 작품이 들어가기 전에는 규칙적인 생활을 유지하려고 하죠. 아침 6시에 일어나 8시까지 글을 쓰고, 아침을 먹고 다시 12시까지 글을 써요. 이후에는 영화를 보거나 운동을 하던가 책을 읽어요. 때때로 사람들을 만나기도 하고요. 만약에 급하게 시나리오를 써야 한다면 저녁까지 글을 쓰기도 하죠. 주말에도 똑같아요.

그렇다면 영화감독에게는 어떤 역량이 필요한가요?

두루뭉술한 답변일 수 있지만, '커뮤니케이션' 능력이라고 생각해요. 결국에 감독은 영화 현장을 이끄는 디렉터니까요. 영화감독 지망생들이 가장 많이 오해하는 게 영화를 자기 마음대로 찍을 수 있다고 생각하는 거거든요. 하지만 영화감독이 모든 걸 결정하진 못해요. 물론 영화의 모든 책임은 영화감독이 지죠. 그렇기 때문에 자기가 원하는 지점을 집요하게 파고들어야 하는 것도 맞아요. 그런데 그걸 위해서 함께 일하는 배우와 스태프를 설득해야 해요. 배우와 스태프 모두 각자 역량이 있는 창작자들이거든요. 영화감독이 하는 일은 그들의 창의력을 끌어내는 일이죠. 그래야만 높은 수준의 창작자들과 합심해서 좋은 영화를 만들어 갈 수 있어요. 저는 커뮤니케이션 능력이 감독의 역량 차이를 만드는 거 같아요.

감독님이 영화를 통해 내보이는 아름다움은 무엇인가요?

아름다움의 '아름'은 '나'를 의미한대요. 결국 아름다움이란 '나다움'을 잘 보여주는 것이겠죠. 제 작품을 통해서 제가 좋아하는 것이 무엇인지를 확인할 수 있으니까요. 저 또한 영화를 통해서 저를 찾아가는 거죠. 좋아하는 게 무엇인지, 어떤 이야기에 관심이 있는지 영화를 통해서 확인하니까요. 앞서도 언급했지만, 가면이 벗겨진 사람들의 모습을 보는 걸 좋아해요. 그런데 제가 영화감독이 되지 않았다면 저는 제가 그런 이야기에 관심이 있는지 모르고 지나쳤을 것 같아요. 이처럼 제가 영화를 통해 내보이는 아름다움은 결국 자기 모습인 것 같아요.

영화감독 이후의 삶을 생각해본 적이 있나요?

예전에는 영화감독의 삶만 생각했는데 영화감독이
되었으니까, 이제는 이후의 삶도 생각해요. 만약
영화감독 이후의 삶을 살 때가 온다면 그냥 저만의
색깔이나 취향이 담긴 무언가를 만드는 사람이
되고 싶어요. 그게 소설이 되었든 드라마가 되었든
애니메이션이 되었든 혹은 집이 되었든 상관없어요.

김용훈은 1981년 서울에서 태어났다. 그는 주말 저녁마다 티브이 앞에 앉아 외화를 즐겨보는 영화광이었고, 고등학교 재학 시절 히치콕의 인터뷰집을 읽고 영화감독에 매료되어 대학에서 영화 연출을 전공한다. 영화감독을 꿈꾸던 동기들은 졸업 후 영화 연출팀에 들어갔지만, 김용훈은 직접 영화를 기획·연출해 감독으로서 영화 현장에 서기로 결심했다. 엔터테인먼트 기업 CJ ENM의 영화 기획팀 인턴을 지원한 것도 영화감독의 역량을 키우기 위함이었다.

—

CJ ENM 인턴을 마친 후 10여 년간 영화 기획·제작·투자팀을 오가며 일한 덕분에 대중이 선호하는 영화에 대한 감을 익혔고, 역량 있는 영화감독과 마주할 기회를 얻었다. 김용훈은 현실에 안주하지 않고 틈틈이 단편영화를 기획, 단 하루 만에 첫 번째 작품 〈삭제하시겠습니까?〉(2015)를 촬영했다. 공개 이후 한 달 만에 퇴사하고 감독의 길을 걷는다. 그렇게 연출한 첫 번째 장편영화가 〈지푸라기라도 잡고 싶은 짐승들〉(2020)이다.

—

데뷔작은 평단과 관객 모두에게 좋은 평가를 받았다. 무엇보다 로테르담 국제영화제에서 심사위원특별상을 수상하는 쾌거를 이뤘다. 그가 3년 만에 선보인 작품 〈마스크걸〉(2023)은 영화가 아닌 시리즈로 OTT 플랫폼 중 하나인 넷플릭스를 통해 공개됐다. 김용훈은 현재 소설가와 함께 이야기를 구축하며 새로운 작품을 준비하고 있다.

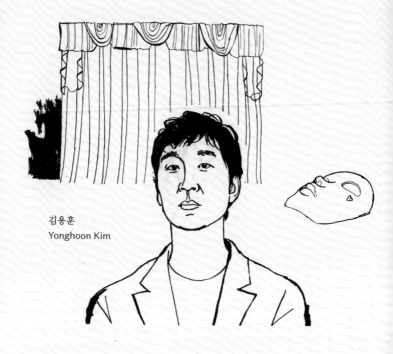

김용훈
Yonghoon Kim

"

영화감독이 불규칙적이고 자유로운 생활을 즐길 것
같지만 막상 만나보면 대부분 저처럼 규칙적인 생활을
해요. 규칙적인 생활을 하지 않으면 일 자체가 너무
힘들어요. 장편영화 대본의 양이 정말 많거든요. 매일
같이 조금이라도 글을 써야 하는 것이죠. 피아니스트도
매일 연주해야 공연할 때 손가락이 풀려서 연주가
수월하잖아요. 저도 마찬가지예요. 갑자기 글을 쓰려고
하면 숨이 턱 하고 막혀 한 문장도 쓰기 어렵거든요.
하루에 최소 한 장을 쓰다 보면 다섯 장, 열 장 쓰는 게
어렵지 않게 되는 거죠.

"

**Ryusuke
Hamaguchi**

하마구치 류스케

Tokyo

하마구치 류스케는 ‹드라이브 마이 카›로 칸 영화제 각본상과 ㅁ
로 자리매김한 감독이다. 그는 우연히 일어나는 극적 순간을 포
우연을 설계하기 위해 작품마다 자신의 연출 방법을 돌이켜보
냉철하게 구분 짓는 그의 태도는 사람을 다루는 방식과 매체의

카데미 시상식 국제장편영화상을 받으며 일본의 차세대 거장으
서 영화의 재미를 극대화하지만, 확률에 의존하기보다 최선의
이 탐구한다. 개인의 목소리에 집중하는 동시에 영화의 역할을
을 조율하는 묘미에서 좋은 영화가 탄생한다는 것을 보여준다.

불가능할 수도 있지만 가능할지도 모를 일,
그게 바로 영화입니다

부산 해운대구 영화의전당 시네마운틴 단체분장실A,
2023년 10월 10일 오후 4시

과거의 작품은 최신작을 위한 가장 훌륭한 교과서다

부산국제영화제[1]는 2년 만의 방문이라고 들었어요. 이번에 초청된 〈악은 존재하지 않는다〉[2]는 〈드라이브 마이 카〉[3]를 함께한 음악감독 이시바시 에이코[4]가 공연용 영상을 만들어달라고 한 제안에서 출발한 것으로 알고 있습니다. 처음 제안을 받고 어떤 생각이 들었나요?

2021년 말이었는데 당시 〈드라이브 마이 카〉와 〈우연과 상상〉[5]이 모두 공개되고 앞선 작품들과

[1] 한국영화의 발상지인 부산을 문화예술의 고장으로 발전시키고자 기획한 영화제. 1996년부터 부산 해운대에서 해마다 개최되며 홍콩국제영화제, 도쿄국제영화제와 더불어 아시아 최대 영화제로 꼽힌다.

[2] 2024년 개봉한 하마구치 류스케 감독의 영화. 도쿄에서 그리 멀지 않은 작은 마을을 배경으로 글램핑장을 만들겠다는 이들로 인해 자연과 공생하며 살아가는 주민들의 평화가 깨지면서 이야기가 전개된다.

관련한 일이 일단락된 시기였습니다. 그다음에 무엇을 하면 좋을지 모르겠다고 생각하던 중이었어요. 그동안 해보지 않은 선택지를 시도하고 싶다는 막연한 마음만 있었죠. 그러던 때 마침 딱 알맞게 제안을 받은 거예요. 갑자기 흥미로운 무언가가 날아들어 온 것 같았습니다. 저 혼자서는 이런 기획과 아이디어를 떠올리지 못했을 것이기 때문에 이시바시 감독이 제안을 준 게 무척 감사했어요.

프로젝트를 진행하는 과정에서 이시바시 감독과 편지를 주고받았다고 들었습니다. 어떤 이야기가 오갔나요?

편지는 일종의 비유적인 표현이고요, 왕복 서한처럼 영상과 음악을 주고받았다는 게 정확하겠네요. 본격적으로 촬영에 들어가기 전에 이시바시 감독이 데모 음원을 보내줬고, 저는 그걸 듣고 여러 영상

3   무라카미 하루키의 단편소설을 원작으로 한 하마구치 류스케 감독의 장편영화. 외도한 아내가 갑작스럽게 세상을 떠나는 일을 겪은 주인공 가후쿠가 연극제에서 전속 드라이버 미사키를 만나면서 과거의 슬픔을 들여다본다.

4   1974년생. 일본의 음악가이자 드러머. 호시노 겐이나 마에노 겐타 등의 뮤지션이 음반 작업을 할 때 적극 기용하는 연주자다. 하마구치 류스케 감독과 작업한 영화 음악을 통해 아시안 필름 어워즈에서 2년 연속 상을 받았다.

5   제71회 베를린 국제 영화제에서 처음 공개돼 심사위원대상을 받은 하마구치 류스케 감독의 영화. 세 개의 단편 에피소드로 이루어진 작품이다.

소스를 편집해 전달했습니다. "이런 느낌일까요?"하고 물었는데 이시바시 감독에게 "그냥 평소 하던 대로 작업해도 괜찮다"는 답변을 받았죠. '무엇이든 해도 좋다'는 마음이 느껴져서 고마웠습니다. 이런 과정을 통해 서로의 인식을 좁히며 협의점을 찾아갔어요.

이시바시 감독은 이번 프로젝트를 진행하며 "모든 제약에서 자유를 갈망하면서 배려와 통찰력이 넘치는 하마구치 류스케와 함께하면 무언가 재미있는 것이 만들어지지 않을까 생각했다"고 말하기도 했습니다. 이런 평가에 대해서는 어떻게 생각하나요?

의식적으로 그런 태도를 지향하는 것은 아니고, 자유롭고 싶다는 생각은 어느 정도 항상 하고 있는 것 같아요. 조금 더 자세히 설명하자면 하기 싫은 게 너무 많아서요. 그런 걸 피해서 살고 싶다는 생각을 계속하다 보니 이시바시 감독에게 저런 인상으로 남은 것 아닐까 싶네요.

이전 작품에서 깨달은 것이나 배운 점을 새로운 작품에 적용하는 것으로 알고 있습니다. 〈드라이브 마이 카〉와 〈우연과 상상〉에서의 경험은 〈악은 존재하지 않는다〉에 어떤 영향을 미쳤을까요?

다소 감각적인 영역의 이야기인데요, 앞선 두 작품에 비해 〈악은 존재하지 않는다〉는 대사가 적은 편이에요.

장면에 따라 조금씩 다르지만 대사가 많은 부분은
지금까지 계속해왔듯 촬영 전에 대본을 여러 번 낭독하는
방식을 취하기도 했습니다. 확실한 건 이전보다 판단력이
좋아졌다는 느낌이 들었다는 거예요. 예를 들면 대사의
양이라든가, 얼마나 리허설을 하면 좋을지 그 정도를
조금 더 가늠하게 된 것 같아요. 리허설도 너무 과하게
여러 번 하면 연기의 감각이 떨어지기도 하고 시간도
많이 소모되니까요. 가장 좋은 연기가 나올 때, 가장
적절한 분량을, 어떻게 카메라에 담을 것인지 등, 제
나름 이런 감각적 부분을 판단하는 능력이 좋아졌다고
느꼈습니다. 다른 사람은 어떻게 생각할지 모르겠지만요.
(웃음)

사람과 사람 사이의 관계나 삶의 아이러니처럼 개인에게
집중하는 이전 작품과 달리 〈악은 존재하지 않는다〉는 자연과
개발을 둘러싼 사회적 메시지를 담고 있다는 느낌도 받았습니다.
영화의 다양한 기능 중 사회문제를 비판하는 역할에 대해서는
어떻게 생각하나요?

사실 영화가 사회를 움직일 수 있다고 크게 기대하지
않는 편입니다. 사회를 움직이고 싶다면 영화란 그
목적에 적당한 매체가 아니라고 생각해요. 지금까지
제가 흥미를 느끼는 것은 어디까지나 한 개인에 관한

것이었어요. ⟨파도의 소리(Nami no oto)⟩(2011)⁶처럼
동일본 대지진 이후의 삶을 기록한 작품을 만들기도
했지만, 이 또한 굉장히 거대한 사회적 사건에 휘말린
개인의 목소리를 다루었을 뿐이죠. 하지만 개인이라는
존재는 사회와 떨어져 있는 것이 아니라, 어떤 형태로든
모두 사회와 이어져 있으니까요. 언제나 개인적인
것에 흥미를 느끼기도 하고, 사실 개인의 범위를 넘어
사고하는 것이 저에겐 어려운 일이에요. 다만 그 개인적
측면을 제대로 포착하면 반드시 사회와 연결되는 부분이
있고, 이런 실제적 부분에 언제나 주목하고자 하죠.

⟨파도의 소리⟩를 만들면서 자신을 진솔하게 표현하는 '좋은
목소리'와의 만남에 대해 이야기한 적이 있습니다. 이번 작품을
만들면서도 그런 경험을 했나요?

'좋은 목소리'라고 느끼는 것만 들으려는 것은 아니에요.
하지만 이번 작품에서도 분명 그런 만남이 있었죠.
취재 과정에서 알게 된 70대 어르신 한 분이 계셨는데,
주인공 타쿠미가 딸에게 나무를 가르쳐주듯 나무의

이름이라든가, 각각의
나무가 지니는 역할,
그리고 숲이라는
것이 어떤 생태적

6   2011년 3월 11일, 동일본
대지진으로 인해 피해를 입은 도후쿠
지역의 주민들이 재해에 관한 대화를
나누는 장면을 장시간에 걸쳐 찍은
다큐멘터리.

기능을 갖고 있는지에 대해 들려주셨습니다. 예를 들어 식물 하나를 설명하실 때도 "이 지역에 흐르는 물이 깨끗하기 때문에 이 식물이 여기서 자라난다"고 표현한다든지요. 눈앞에 보이지 않는 것을 포함한 숲의 생태계에 대해 잘 알려주셨어요. 주인공뿐 아니라 영화 속 마을 이장 캐릭터의 대사에 이분의 말씀을 참고하기도 했고요. 만났을 당시부터 '좋은 목소리'라고 느낀 것은 아닙니다만, 절대적으로 '좋은 목소리'를 지닌 분이었다고 생각해요. 그 사람의 인생과 닿아 있는 듯한 감각을 느꼈거든요. 리서치란 단순히 정보를 모으는 것이 아니라고 생각해요. 이처럼 '살아 있는 사람'이나 '살아 있는 몸'을 만나면 언어화되지 않은 정보량이 훨씬 증가하는 느낌이 들죠. 언제나 정확히 겨냥하고자 하는 것도 이런 언어 이상의 정보 같은 것이고요. 이런 요소가 픽션의 캐릭터에도 반영되면 좋겠다고 생각해요.

노자키 칸(Kan Nozaki), 도쿄대 문학부
졸업생 인터뷰 "하마구치 류스케, '해보자.
60%만 이뤄도 충분하다'" 중
(도쿄대학, 2017.12.13)

지금은 영화감독으로 일하고 있습니다. 현장에서 오로지 OK인지
NG인지를 판단하는 일인데, 그 판단 기준이 점점 더 세밀해지는
것 같은 느낌이 들어요. 처음에는 이 사람의 '얼굴'이 있으면
좋겠다고 생각하거나, 카메라에게 사랑받기 쉽다고 느끼는
사람을 캐스팅했는데, 어느 순간부터 '목소리'가 더 많은 것을
전달할 수 있을지도 모르겠다는 생각을 하게 됐습니다. 연기나
성악적으로 뛰어나다기보다 대사를 해도 어떤 사람의 목소리는
'진짜'를 말하는 것처럼 들리고, 그런 사람을 캐스팅하려는 거죠.
지금 하고 있는 것이 픽션임에도 불구하고 '진짜'처럼 보인다면
그것은 꽤 대단한 일이니까요. 제가 OK라고 생각할 수 있는
'얼굴'과 '목소리', '움직임'을 어떻게 유발할 수 있을지 고민하는 게
지금의 일이고, 이를 위한 저만의 도구로서 '말'을 다루고 있다고
생각합니다.

관객을 즐겁게 하고 싶다는 마음이
관객을 끌어당기는 힘이 된다

이번 작품도 허구의 이야기가 아니라 현실처럼 생생하게 와닿는 순간이 많았습니다. 특히 당신의 영화는 관객을 아군으로 만드는 힘이 있다고 생각해요. 극장을 나서면서 "영화라는 매체가 이렇게 좋은 것이었지"라고 느꼈습니다. 이런 힘의 근원은 무엇이라고 생각하나요?

> 우선 좋은 말씀 감사합니다. (웃음) 언뜻 보기엔 그렇지 않은 것 같지만 기본적으로 관객을 즐겁게 하고 싶다는 마음이 큰 것 같아요. 영화의 모든 것은 관객의 즐거움을 위해 존재한다는 생각도 있고, 관객이 작품을 좋아하면 감사하고 기쁩니다. 한편 제가 하고 싶은 것이 있는가 하면, 하고 싶지 않은 것도 있다는 게 어려워요.

스스로 하고 싶은 게 무엇인지 확실히 알고 있는 편은
아니지만, 해도 좋다고 생각하는 걸 하면서 어떻게
관객과 열린 관계를 형성할 수 있을지 고민하죠. 우리의
감각을 높여주는 영화 중에는 재미없다고까지 말할 순
없지만 관객이 능동적으로 봐야 하는 영화도 있거든요.
사실 저는 그런 영화를 제대로 즐기는 영민한 관객은
아니었어요. 하지만 일종의 계단 역할을 하는 작품을
통해 영화를 더욱 즐기게 된 관객도 많아요. 마치 제가
그랬던 것처럼 말이죠. 이런 마음으로 사람들에게 다가갈
수 있는 영화를 만들려고 해요.

그렇다면 당신에게 영화를 만드는 일은 무엇이라고 표현할 수
있을까요?

'인내'. 참고 버티는 시간이 긴 것 같아요. '우연'이
일어나길 기다리기 때문인데요. 픽션에서 우발적인
무언가가 제대로 일어나면 마치 현재 그곳에서 굉장히
생생한 일이 벌어지는 느낌이 듭니다. 그런 바람직한
우연이 일어나기까지 기다리는 게 제가 만들고자
하는 픽션에서 굉장히 중요한 일이기도 하고요.
하지만 일어날지 확신할 수 없는 것을 기다리는 일은
정신적으로 매우 힘들죠. 우연이 일어나지 않으면 영화는
시시해지고, 계속 그 우연을 기다리면 예산이나 신뢰가

줄어드니까요. 그런 의미에서 저에게 영화를 만든다는 건 '버티는 일'이라고 할 수 있겠네요.

우연을 계속 기다릴지 말지는 어떻게 결정하나요?

어떻게 하면 최대한 싫지 않은 형태로 'OK'를 말할 수 있을까 고민하면서 판단하는 거죠. 간단히 말하자면, 불가능할 수도 있지만 가능할지도 모를 일을 하는 거라고 생각합니다. (웃음) 다만 할 수 있다는 생각이 없다면 시작도 하지 않을 것 같아요. 승부로 치자면, 저는 이기지 못할 싸움을 하는 타입은 아니거든요. 항상 이기는 것도 아니고 운 같은 것도 필요하지만, 아예 이기지 못할 싸움을 하는 편은 아니라고 생각합니다.

과거 인터뷰에서 언제나 선택할 때는 "싫지 않은 것을 택한다"고 말하기도 했습니다. 촬영 현장에서 판단을 하는 방식도 그렇고, 심지어 영화감독이 되겠다고 결심한 것도 이런 사고방식이 영향을 줬다고 알고 있어요.

소거법으로 결정했다고 할 수 있죠. 어느새 대학을 졸업해야 할 시기가 왔고, 졸업논문을 써야 하는데 4년 동안 영화만 많이 보고, 거의 영화와 관련된 활동만 한 거예요. 그 4년의 경험을 살리려면 결국 영화인이 되는 길밖에 없더라고요. 대학도 대학원도 모두 재수를 해서 진학했습니다. 돌이켜 보면 시야가 좁았다고 생각해요. 다른 길이 있다고 상상하지 못했어요. 이 길밖에 없다고 생각했기 때문에 반드시 진학해야 한다고 여겼죠. 시야가 넓었다면 다른 가능성도 봤을 것 같아요.

영화감독이 되지 않았다면 어떤 일을 하고 있을까요?

아르바이트를 하거나 방송국에서 조연출로 일한 적도 있지만 그 일들은 단순히 싫었달까요. (웃음) 20대의 저는 소통하는 데 별로 자신이 없었습니다. 아마 샐러리맨이 되었어도 잘 해내지 못했을 것 같기 때문에 영화감독이 될 수밖에 없었을 거예요.

대학원에서는 구로사와 기요시[7] 감독의 가르침을 받기도 했습니다. 그에게 배운 것 중 당신에게 가장 큰 영향을 미친 것은 무엇인가요?

개인적으로 저는 구로사와 감독을 만나기 전과 후로 나뉜다고 할 만큼 많은 영향을 받았는데요. 가장 큰 배움은 '카메라는

7   1955년생. 일본의 영화감독. 현재 도쿄예술대학 대학원 교수로 재직 중이다. 1983년 〈간다가와 음란전쟁〉으로 데뷔했으며 대표작으로는 〈큐어〉, 〈회로〉, 〈도쿄 소나타〉 등이 있다.

기록하는 기계'라는 것이었습니다. 기본적으로 카메라는 현실을 촬영하는 것이지 픽션을 찍는 기계가 아니라는 거예요. 이 이야기는 구로사와 감독이 한국에서 강연을 했을 당시 나왔던 이야기로, 영화를 공부하는 학생이 그에게 "배우가 대본대로 연기를 해도 자연스럽지 않은데 어떻게 해야 하나"는 질문을 했어요. 여기에 구로사와 감독은 "당연한 일"이라고 답했죠. 배우는 대본에 써져 있는 것을 외워서 연기하고, 카메라는 그것을 담아내니까요. 연기를 하는 것처럼 보이는 게 당연한 거죠. 저도 고민했던 부분이었기 때문에 무척 공감이 되더라고요. 아무리 연기를 잘한다고 해도 결국 배우는 그 영화의 캐릭터가 아니고, 배우가 지닌 고유의 역사나 패턴, 습관을 바탕으로 대사를 말하니까요. 카메라는 대본의 캐릭터가 아니라 배우의 연기를 기록하고, 이 기록이 쌓여 영화가 되는 거죠. 즉 구로사와 감독은 픽션은 기본적으로 '파탄'이자, 패배할 수밖에 없는 것이라고 말하셨습니다. 정말 큰 가르침이었어요. 결국 배우의 연기를 자연스럽게 담아내는 건 힘들다는 걸 인정하고, 현실을 포착하는 카메라로 가능한 일이 무엇인지 생각하게 됐어요. 오히려 그런 카메라의 메리트를 의식하면서 영화를 만들어야겠다고 생각을 전환했죠.

구로사와 기요시 감독이 실제 저의 스승이라면, 에릭 로메르는
가상의 스승 같은 인물입니다. 구로사와 감독이 절대로 흉내 낼 수
없는 감독이라면, 에릭 로메르는 흉내 내고 싶은 마음이 들게 하는
감독이죠. 로메르 감독의 영화는 말이 아주 많다는 게 특징인데요.
저는 늘 대사를 쓰는 것에서부터 영화를 만들기 시작할 수밖에
없다는 점이 콤플렉스였습니다. 하지만 로메르 감독을 보고
이렇게 재미있는 대사를 쓸 수 있고, 그 대사가 배우를 움직이게
만든다는 것을 알게 됐어요. 로메르 감독의 대사는 다른 영화와는
조금 다른데, 설명하기 위한 것이 아니라 그 인물을 분명히 하기
위한 것이랄까요. 엄청나게 긴 대사를 말하는 사이에 그 캐릭터가
나와버리는, 연기하는 배우 자체가 드러나는 듯한 감각이 드는데,
그런 것을 저도 할 수 있을지도 모르겠다고 생각했습니다.

진솔한 대화가 결국 영화를 가능하게 한다

각본을 집필할 때 가장 중요하게 고려하는 부분은 무엇인가요?

사실 각본을 쓰는 방법은 아직까지 잘 모를 만큼 어려운
일이에요. 일단 배우가 정해지면 그 사람의 몸에 따라
말할 수 있는 것, 할 수 있는 것이 한정되니, 어떤 사람이
연기하느냐에 따라 캐릭터를 표현할 수 있는 폭이
달라지거든요. 그 제한된 폭 안에서 어떻게 진행할
것인지 고민하는 거죠. 그러니 구체적으로 배우의 몸과
이미지를 고려하며 각본을 쓰는 게 중요해요. 대본을
집필하는 과정에서 가장 좋아하는 단계이기도 하고요.

현장에서 배우와 소통하는 방법도 궁금합니다. '좋은 대화'의

중요성을 강조하기도 했는데요.

앞서 말한 것처럼 연기란 배우에게 무리한 것을 요구하는 일이니까요. 배우는 직업으로서 연기를 하지만, 감독은 그게 잘될 수 없다는 것을 알고 있죠. 감이 좋은 배우는 그 사실을 이미 깨닫고 있기도 합니다. 기본적으로 실패가 결정된 일로 배우를 내보내는 건데 이를 위해 할 수 있는 건 다하는 거죠. 대사가 자연스럽게 입에서 나올 때까지 몇 번이고 반복해서 대본을 읽거나, 제가 배우를 아주 매력적으로 생각하고 있다는 것을 전달하기도 합니다. 실제로 연기에서 배우의 매력이 느껴지면 이야기의 성립과 관계없이 'OK'를 외치기도 하고요. 배우들이 느낄 수 있는 불안이나 위화감을 최대한 없애고 그들이 카메라 앞에 설 수 있도록 하는 거죠. 이 캐릭터를 연기하는 것이 배우에게도 중요한 일로 여겨질 수 있게 각본을 쓰는 것도 한 방법입니다. 반대로 캐스팅을 그렇게 할 수도 있겠죠.

현장의 일 외에도 감독에게는 해야만 하는 다양한 일이 있는데요. 그중 하나가 투자를 통해 예산을 확보하는 것이라고 생각합니다. 이에 대한 압박은 어떻게 대처하는 편인가요?

제가 짊어질 수 있는 스트레스의 범위라는 게 어느 정도 정해져 있다고 생각하기 때문에 그렇게 큰 영향을 받지는 않습니다. 상업영화를 한다면 평생을 바쳐도 갚을 수 없는 금액을 예산으로 다루기 때문에 이런 리스크를 혼자 짊어지는 것은 어렵다고 생각해요. 그래서 프로듀서와 함께 부담을 나누기도 하고요. 본래 영화란 숙명적으로 작품인 동시에 상품이니까요. 어디서든 영화를 팔아서 투자 받은 금액을 회수해야 하는 것도 사실입니다. 다만 영화는 미술작품과 달리 티켓 한 장의 가격이 정해져 있고, 그 티켓의 판매량을 모아서 회수하는 방식이죠. 많은 사람이 봐야 하는 것이기 때문에 어떻게 하면 어느 정도 규모 있는 관객이 좋아할 수 있는 영화를 만들 수 있을지 고민해야 해요. 따라서 이런 스트레스에서 해방되고 싶다면 규모를 줄여야 합니다. 개인적으로 좋아하는 존 카사베츠(John Cassavetes)[8] 감독은 "다른 사람의 돈으로 하는 일이라면 타협하는 것이 의무"라고 말하기도 했어요. 그가 독립영화를 지향했던 이유 중 하나이기도 하고요. 저 또한 가슴에 새기고 있는 말로, 투자와 예산에 대한 고민은 항상 하는 것 같습니다.

[8] 미국의 배우이자 영화감독. 독립영화계를 개척한 선구자로 1950년대 이래 미국 영화에 지대한 영향을 끼친 감독으로 평가받는다. 즉흥 연기 같은 진취적인 실험정신으로 〈그림자들〉, 〈글로리아〉 등의 대표작을 남겼다.

영화감독은 배우와 스태프, 투자자 등 여러 사람을 설득해야 하는데요. 〈드라이브 마이 카〉를 만들 당시 원작자였던 무라카미 하루키[9]의 마음은 어떻게 움직였나요?

편지를 썼을 뿐 어떤 특별한 방법이 있었던 건 아니에요. 무라카미 씨가 영화제작자와 빈번하게 연락을 취하는 타입은 아니라는 이야기를 들어서요. 무언가를 변경할 때마다 문의를 하면 오히려 제작을 중단시킬 수도 있겠다고 생각했습니다. 그저 원작에서 어떤 식으로 바꾸려고 하고, 동시에 다양한 자료를 첨부해서 본래의 작품이 이렇게 바뀔 가능성도 있는데 이를 검토해주길 바란다고 전했죠. 몇 개의 단편을 조합한다든가 연극 같은 다양한 아이디어가 있었는데요, 기본적으로 원작자가 내키지 않는다면 억지로 허락할 필요는 없다고 말씀드렸습니다. 설득이 아니라, 제가 할 수 있는 일의 범위는 여기까지인데 이런 방식이 당신 기준에 적합한지, 그래서 적합하다면 다행이고 그렇지 않다면 하지 않겠다는 굉장히 단순한 소통이었어요. 그저 제안한 것이 무라카미 씨의 기준에 맞았기 때문에 가능했던 일인 거죠.

영화를 만들지 않을 때는 어떤 일상을 보내는지 궁금합니다. 사생활에 대해서는 공개된 이야기가 정말 적은 것 같아요.

9   일본의 소설가이자 번역가. 1979년 《바람의 노래를 들어라》로 군조신인문학상을 받으며 데뷔했다. 《노르웨이의 숲》, 《해변의 카프카》 등 다수의 화제작을 발표해 대중적 인기와 평단의 호평을 얻었다.

당신을 위한 선물을 고르는 데도 한참을 고민했습니다.

오늘 주신 커피도 좋아하고, 술도 즐겨 마셔요. (웃음) 확실히 개인적인 정보는 많이 노출하지 않으려고 하는 것 같습니다. 영화를 만드는 것과 크게 상관없다고 생각해서요. 애써 숨기지는 않지만 제 생활을 모두가 알 필요는 없는 거죠. 굳이 나서지 않으려고 하는 편이랄까요. 취미도 영화를 보고 영화에 대해 생각하는 게 대부분이에요. 일을 하지 않는 시간엔 주로 책을 읽거나 집 주변을 산책하고요. 이 정도가 전부예요. (웃음)

하마구치 류스케, «카메라 앞에서
연기한다는 것» 중 p.12-13
(모쿠슈라, 2022.6)

카메라는 바로 "임금님은 벌거숭이"라고 솔직하게 지적하는
어린아이 같은 존재다. 연기가 부서지기 쉬운 허구에 불과하다는
사실을 정확하게 투영한다. 애들 장난 같은 행위임을 늘 비춰낸다.
그렇기에 '카메라 앞에서 연기한다는 것'의 리스크는 아무리
강조해도 지나치지 않다. 그 점을 촬영에 들어가기 전부터 그녀들
(‹해피아워›의 배우들)에게 세심하고 정중하게 일러줬다고
생각한다. 그럼에도 그녀들은 카메라 앞에 서주었다. 나는 그
용기에 찬사를 보내고 싶다.

그 찬사는 사실 '카메라 앞에서 연기하는' 미래의 모든 이들에게로
향한다. 카메라 앞에 선 자는 누구나 자신이 생각하는 것
이상을 성취해낸다. 카메라 앞에서 보여준 당신의 행동이
앞으로 이 세상의 가치를 지지하거나 혹은 폄하할 것이다. 다소
과장스럽다고 여겨지는가? 그런 생각이 드는 이들을 위해서 몇
문장을 덧붙이겠다.

대학 졸업 후 상업영화의 조감독이 된 나는 학창 시절에 숱한
시간을 들여가며 영화나 음악을 접했던 경험이 촬영 현장
실무에서는 일절 도움이 되지 않는다는 사실을 깨달았다. 때론
야단을 맞으며 '영화나 음악은 내게 별 보탬이 되지 않는구나'란
생각에 절망에 빠지기도 했다. 그동안 내가 인생에서 소중하다고
여기며 시간을 들였던 것들이 내게 아무 도움도 되지 않는다는
사실을 깨닫는 경험은 고통스러웠다.

그 후 시간이 켜켜이 쌓인 지금, 나는 그때와는 완전히 정반대의
확신을 품고 있다. 영화나 음악은 우리가 살아가는 데 힘이 돼
준다. 진정으로 좋은 작품은 누군가가 진실하고 열정적으로
살았다는 증거이기 때문이다. 기록하는 기계인 카메라(와
마이크)는 그러한 사실을 확실하게 기록하고, 몇 번이고 재생한다.
그 의심할 여지없는 증거들은 그것들을 접한 사람들의 삶의
기저에서 존재하며 우리가 살아갈 힘을 북돋아준다. 이처럼
확신을 품고 말할 수 있는 건 그런 일이 실제로 나에게 일어났기
때문이다.

하마구치 류스케는 1978년 일본 가나가와현에서 태어났다. 도쿄대학에서 미학예술학을 전공하고, 존 카사베츠의 작품 세계를 주제로 졸업논문을 작성했다. 이후 도쿄예술대학 대학원에 진학해 영화 전공으로 석사 과정을 밟으며 구로사와 기요시 감독을 사사했다.

—

대학원 졸업 작품인 〈열정〉(2008)이 산세바스티안 국제영화제에 출품되며 주목받았고, 4시간이 넘는 장편영화 〈친밀함〉(2013)과 중편작인 〈섬뜩함이 피부에 닿는다〉(2013)부터 수많은 단편까지 장르와 형식에 구애받지 않고 영화적 실험을 꾸준히 이어왔다.

—

첫 번째 상업영화인 〈아사코〉(2018)로 칸 영화제 경쟁 부문에 진출했고, 베니스 국제영화제에서 은사자상을 수상한 구로사와 기요시 감독의 〈스파이의 아내〉(2020)에는 공동 각본으로 참여했다. 2021년에는 세 편의 옴니버스 영화를 모은 〈우연과 상상〉으로 베를린 국제영화제에서 심사위원대상을 수상하고, 무라카미 하루키의 소설이 원작인 〈드라이브 마이 카〉로 칸 영화제 각본상과 국제영화비평가연맹상, 제94회 미국 아카데미 시상식 국제장편영화상을 받았다.

—

2023년에는 〈악은 존재하지 않는다〉로 베니스 국제영화제에서 은사자상을 거머쥐며, 구로사와 아키라(Akira Kurosawa)에 이어 세계 3대 영화제와 미국 아카데미상을 모두 수상한 일본의 두 번째 감독이라는 기록을 세웠다.

하마구치 류스케
Ryusuke Hamaguchi

"

영화를 이끄는 건 감독이지만, 영화제작은 스태프와
함께하는 집단 작업으로 각자의 능력이 제대로
발휘되어야만 가능한 일이에요. 그중에서 배우는
기본적으로 불안을 품고 카메라 앞에 서기 때문에,
아무리 우리가 직업적 성실함을 갖고 영화를 만든다고
하더라도 감독과 스태프는 배우의 몰입을 방해하는
존재라는 사실을 최우선적으로 공유합니다. 우리의
시선이나 연기를 판단하는 듯한 표정 하나하나가 배우를
위축시키기도 하고, 가면을 쓴 것 같은 연기를 유발할 수
있기 때문이에요. 일을 우선하는 바람에 배우의 감정을
무시하거나 짓밟지 않도록 하는 거죠. 이를 전제한
뒤에, 개개인이 일을 어떻게 해나갈 것인지 고민하는 게
중요해요.

"

Sungjin Lee 이성진

Los Angeles

04

이민자 2세대로 미국에서 성장한 이성진은 시나리오 작가로
에이터로 할리우드와 방송계의 주목을 받고 있다. 2023년 넷
에서 높은 평가를 얻었고, 골든글로브와 에미상에서 휩쓴 수많
문제의식을 동반한 보편타당한 이야기를 길어 올렸다며, 그

을 시작해 연출과 프로듀서, 쇼러너 역할까지 아우르는 크리
스를 통해 공개한 시리즈 ‹성난 사람들›은 스토리의 독창성 면
로피가 이를 증명한다. 그는 자신과 연결된 개인적 경험에서
은 관찰에 있다고 말한다.

자신 아닌 다른 누군가가 되려 애쓰는 것은 시간 낭비입니다

정신 건강을 솔직하게 다루며 살아가는 것이 얼마나 힘겨운 일인지 말하고 싶었다

〈성난 사람들〉[1]의 성공으로 시상식이나 이벤트에 참가하는 일이 점점 더 많아질 것 같은데, 스포트라이트를 받는 것에 이제 좀 익숙해졌나요?

〈성난 사람들(Beef)〉이 넷플릭스에서 개봉된 후 지난 해 5월에 바로 미국작가조합(WGA)[2] 파업이 시작되는 바람에 좀 묘하게 되었죠. 대부분의 언론 행사나 시상식은

1   2023년에 공개된 이성진 감독의 10부작 넷플릭스 오리지널 드라마. 일이 잘 풀리지 않는 도급업자와 삶이 만족스럽지 않은 사업가 사이에서 난폭운전 사건이 벌어지면서 내면의 어두운 분노를 자극하는 갈등이 촉발된다.

2   'Writers Guild of America'의 약자로 미국의 영화, 라디오, 온라인 미디어 등의 각본가들을 대표하는 노동조합. 1933년 설립한 할리우드 영화 각본가들의 노조인 영화작가조합(Screen Writers Guild)을 뿌리로 한다.

모두 취소되었고, 드라마 공개 후에도 생각보다 많이 미디어에 노출되진 않았어요. 다들 그냥 집에 있는 셈이에요. 파업이 곧 끝나면 다시 축하하는 자리를 가질 수 있겠죠.

화면의 배경으로 짐작건대 집에 있는 것 같아요. 인터뷰하기 전에는 뭘 하고 있었나요?

화장실 배관 파이프가 터지는 바람에 누수를 해결하는 중이었어요. 〈성난 사람들〉 에피소드 5의 조지(조셉 리 분)와 비슷한 상황이죠. 배관공들이 고치는 중입니다. 강아지를 세 마리 키우고 있는데요, (손으로 가리키며) 한 마리는 이 앞에 있고 또 한 마리는 저쪽에 있어요. 누수를 고치면서 강아지들을 돌보는 중이었죠. 좀 다른 이야기지만 조지 집의 누수 신은 2년 전 집필 당시 실제 상황에서 영감을 받은 거기도 해요. 해당 에피소드를 쓰고 있을 때 저희 집에 누수가 발생했고, 바로 각본에 넣었죠. 제가 사는 집의 배관 상태는 늘 왜 이런지 모르겠어요. (웃음)

주변에서 〈성난 사람들〉을 본 사람끼리 많은 대화를 나눴는데, 다들 공통적으로 스토리를 정말 신선하게 받아들였어요. 시청자들의 뜨거운 반응이 의도한 대로 작동한 것 같나요?

반응이 뜨거웠다는 말은 인기가 많았다는 건가요? 아니면 사람들이 열정적으로 드라마를 받아들였다는 건가요?

음. 인기라기보다는 화제가 많이 되었고 시청한 사람들이 이 드라마에 대해 말하기를 즐기는 쪽에 가까웠던 것 같아요. 두 남녀가 불미스러운 사건으로 만나 서로를 증오하면서 벌어지는 일들의 파장이 예상치 못한 방향으로 전개되는 것에 스릴을 느끼기도 했고요.

그거 반가운 이야기네요. 4월에 드라마가 공개되고, 한 달 정도는 많은 사람들 사이에서 화제가 되며 인기를 많이 끌었어요. 하지만 미국에서는 인기 프로그램의 전환이 금방 이루어져요. 〈성난 사람들〉이 몇 주 정도 화제가 되었다가, 이후 〈석세션(Succession)〉³ 피날레가 공개되자 사람들이 바로 〈석세션〉 이야기를 하기 시작했죠. 그다음에는 디즈니+ 의 인기 시리즈 〈더 베어 (The Bear)〉⁴가 큰 인기를 끌었고요. (워낙 많은

3   2018년부터 2023년까지 미국 HBO에서 방영한 블랙코미디 드라마. 글로벌 미디어 기업 운영권을 두고 권력 다툼을 벌이는 재벌가의 이야기를 그렸다. 에미상 작품상을 총 3번 수상했다.

4   2022년에 디즈니+와 Hulu에서 공개된 미국의 코미디 드라마. 죽은 형이 운영하던 샌드위치 가게를 물려받은 유명 파인다이닝 셰프 카미의 고군분투와 성장을 다루었다. 주방에서 벌어지는 일을 생생하게 묘사하여 화제가 되었다.

시리즈물이 제작되다 보니) 미국에서는 화제로 거론되는 기간이 참 짧아요. 새롭게 인기를 끄는 프로그램에 곧바로 대체됩니다.

〈성난 사람들〉에 대한 주변 사람들의 반응 중에 가장 인상에 남았던 게 있나요?

인스타그램으로 모르는 사람들에게도 메시지를 받았는데, 우울증이나 자살 충동에 시달리는 사람들이 〈성난 사람들〉 덕분에 덜 외로워졌다고 말했어요. 고마워하더라고요. 그 말에 저도 감동을 받았죠. 제가 전하고 싶은 메시지도 그거였어요. 우리의 정신 건강을 솔직하게 다루며 살아가는 것이 얼마나 힘겨운 일인지 말하고 싶었죠. 그래서 그런 어려움을 겪는 사람들에게 피드백을 받는 것이 반가웠습니다.

저는 개인적으로 주변 지인들이 화가 나 있다고 생각하는 사람에게 서로 〈성난 사람들〉을 추천하는 게 재미있다고 느꼈어요.

여기서는 그렇게 두드러지진 않았는데, 한국에서 그런 현상이 벌어지는 건 재미있네요. 한국인들은 '한'이라는 정서에 익숙해서 더 잘 공감했을 거예요.

작품을 보다 보니 자연스럽게 이성진의 개인적인 삶에도
궁금증이 생겼는데요, 교포로서 이성진이라는 한국 이름을 쓰는
게 의외였어요. 한국 이름으로 미국 영화업계에서 활동하는 것에
특별한 의미가 있나요?

저는 한국에서 태어났고, 한국에서의 법적 이름은
이성진이었어요. 생후 9개월쯤 아버지가 미국의
대학원에 가게 되면서 미국에 왔죠. 초등학교 3학년이
될 때까지 미국에 살다가, 다시 한국으로 돌아가서 잠시
지냈고, 6학년 때 미국으로 완전히 이주했습니다. 많은
미국 사람이 한국 이름의 발음을 어려워하더라고요.
중학생이 되고 나니 자연스레 또래집단과 잘 어울리고자
하는 마음이 커졌고, 어느 날부터 숙제를 제출할 때 '성진'
대신 '소니(Sonny)'라는 이름을 적어냈죠. 사람들이
제 이름을 잘못 발음하는 데 지쳐 있었거든요. 그 후로
아주 오랫동안 소니라는 이름으로 불렸습니다. 그러다
2013년경 카페에서 애니메이션 시나리오 작업을 할
때였어요. 주문한 커피가 나와서 직원이 제 이름을
불렀는데, 역시나 제 한국 이름을 잘못 발음하더라고요.
계산할 때 쓴 신용카드에 한국 이름이 적혀 있었거든요.
뒤에 줄 서 있던 사람들은 웃기 시작했고요. 마치
초등학교 6학년 때로 되돌아간 기분이 들었고, 창피함에
커피를 받아들자마자 카페를 나갔습니다. 그게 일종의

트리거가 되었죠.

일종의 저항이었나요? 이름을 바꾼 건?

(그 일이 있고 나서 시간이 흘러) 〈기생충〉이 미국에서
개봉을 했어요. 그때 봉준호, 박찬욱[5], 이창동 감독과
같은 이름에는 누구도 웃지 않고 크리에이터의 한국
이름을 멋있게 여기고 있다는 걸 느꼈죠. 저도 본래의
이름인 이성진으로 불려야겠다는 생각이 들었습니다.
봉준호, 박찬욱 감독처럼 멋있는 작품을 만든다면 세
음절로 된 한국인 이름이 더 이상 우습지 않은, 멋있는
이름으로 들리게 하는데 기여하지 않을까 싶었죠. 그
후로 지금까지 계속 이성진이란 이름을 사용하고 있어요.
소니라는 이름은 일상에서 사용하고요. 친한 친구들은
소니라고 부르고, 호텔에 투숙하거나 할 때도 소니라는
이름을 써요. 하지만 작품 크레딧, 인터뷰, 언론, 공적인
맥락에서는 이성진이라는 이름을 씁니다.

5   〈공동경비구역
JSA〉, 〈올드보이〉, 〈친절한
금자씨〉, 〈박쥐〉, 〈헤어질 결심〉 등을
만든 한국의 대표적 영화감독이다.

언제가 끝이고 한계인지를 아는 것이 필요하다

미국으로 이민을 가고 나서도 여기저기 도시를
옮겨다녔다면서요. 이동이 많았던 학창 시절에 대한 이야기를
들어보고 싶어요.

어릴 때부터 20대가 될 때까지 이사를 많이 다녔어요.
어디든 전학을 가거나 새로 합류하게 되면 그 낯선
상황에 적응하려고 노력하잖아요. 어느 공간에 들어가면
공간을 이루는 사람들 하나하나가 어떠한지 분석하고,
그곳의 역학 관계를 이해하면서 어울리려고 하죠. 그래서
자연스레 사람들의 버릇이나 행동, 심리에 대한 관찰력이
키워진 것 같아요. 함께 일한 배우 스티븐 연(Steven
Yeun)[6]도 제가 사람들의 사소한 디테일을 아주 빠르게

캣 카르데나스(Cat Cardenas), 〈성난 사람들〉의
크리에이터 이성진이 말하는 마지막 장면과
시즌 2 제작 여부(Beef Creator Lee Sung Jin
On the Show's Final Scene and Whether
There Should Be a Season Two),
(«GQ», 2023.4.13)

각 캐릭터의 모습을 제 자신 안에서 발견했어요. 드라마에
표현된 것처럼 극단적인 형태는 아니지만 그 사람의 입장에서
생각해보면, 아니면 입장을 바꾸지 않아도 비슷한 환경에서 자라
비슷한 삶의 사건을 겪는다고 상상해보면 그 사람이 겪는 것들을
쉽게 공감할 수 있죠. 대체로 우리는 아주 닮아 있습니다. 제가
카타르시스를 느꼈던 부분은 분노보다도 드라마에서 다뤄졌던
실존적인, 공허한 느낌이었습니다. 저는 항상 그런 느낌을 안고
살아왔고 앞으로도 절대 사라지지 않을 것을 알아요. 그래서 이
느낌이 제 삶에 미치는 영향력을 파악하기만 하면 될 일이었어요.

캐치한다고 말하더라고요.

관찰에서 시작된 재능이 글로 표현되기 시작한 건
언제부터인가요? 꼭 시나리오 형태가 아니더라도 기록을 남기기
시작한 시점이랄까요.

20대가 될 때까지는 각본을 쓰는 것 같은 글쓰기가
직업이 될 수 있다는 사실을 몰랐어요. 하지만 제 삶을
돌아보면 어릴 때도 재미로 글을 썼죠. 미국에는 일부
학교에서 운영하는 세계창의력올림피아드(Odyssey of
the Mind)[7]가 있어요. 일종의 방과 후 활동인데, 다른
아이들과 팀을 결성해서 주어지는 문제를 해결하는
대회예요. 스케치나 공연 등의 형식으로 과제를 풀어야
했죠. 어렸을 때 그 활동을
참 즐겼어요. 영어 수업도
좋아했고요. 하지만
재미로만 했지, 그것이
돈을 벌어다줄 거라고는
생각조차 못했습니다. 대학
졸업 후 뉴욕으로 가서 NBC
방송국의 페이지 프로그램
(NBC Page Program)[8]에
참여하게 되기까지는요.

[6]　　1983년생. 한국계
미국인 배우. 드라마 〈워킹 데드〉의
글렌 리 역을 통해 세계적으로
이름을 알렸다. 〈옥자〉, 〈버닝〉 등에
출연했고, 〈미나리〉에서는 제이콥
역을 맡아 미국 아카데미 시상식
남우주연상 후보에 오르기도 했다.

[7]　　청소년의 창의력과
잠재력을 발현시켜 세계적 리더로
양성한다는 취지로 나사(NASA)가
후원하며 세계창의력교육협회가
주관하는 대회. 1978년에 시작해
매년 5월 미국에서 열리고 있다.

자신 아닌 다른 누군가가 되려 애쓰는 것은 시간 낭비입니다

'페이지'는 굉장히 오랜 역사가 있는 프로그램인데, 엔터테인먼트 산업 입문 경로로도 잘 알려져 있어요. NBC에서 주는 유니폼과 넥타이를 착용하고 방송국을 방문하는 관광객에게 무대 등을 구경시켜 주죠. 이 일을 하면서 글을 쓰고 공연을 하면서도 돈을 벌 수 있다는 걸 처음 깨달았어요. 학교에 다니거나 딱히 글쓰기에 대한 교육을 받지는 않았지만 많은 책과 티브이 쇼를 보고, 블로그를 읽으면서 독학했죠.

대학 시절에 경제학을 전공했고 그와 관련한 직업을 갖는 꿈도 있었던 걸로 알아요.

2003년에 펜실베이니아 대학교를 졸업했는데, 학교에 와튼 스쿨[9]이 속해 있어 투자은행업이 각광받았어요. 모든 졸업생이 투자은행에 뛰어들었다 해도 과언이 아닐 정도로요. 다들 그렇게 하니까 저도 그렇게 해야 하는 줄 알았죠. 하지만 안타깝게도 관련 수업

8   뉴욕과 캘리포니아에 있는 NBC 유니버설 스튜디오 (Universal Studio)에서 1년 동안 수련생 개념으로 방송국의 다양한 업무를 접하고 과제를 수행하는 프로그램. 이곳에서 경력을 시작한 유명인으로는 배우 그레고리 펙, 방송인 레지스 필빈, 디즈니 전 CEO 마이클 아이스너 등이 있다.

9   미국 아이비리그 대학교 중 하나인 펜실베이니아 대학의 상경대학이다. 1881년 사업가 조지프 와튼의 기부로 설립되었으며 미국 내 최고의 경영학 전공 과정으로 명성이 높다.

듣는 걸 정말 싫어했고 별로 잘하지도 못했어요. 메릴
린치(Merrill Lynch)와 베어스턴스(Bear Stearns)
같은 회사에서 인턴십을 몇 번 하기도 했는데, 그 일을
위해 아침마다 일어나는 것이 싫었고, 졸업을 하면 다른
일을 해야겠다고 마음먹었습니다. 하지만 그게 어떤
일이 될지는 몰랐죠. 계획 없이 무일푼으로 뉴욕에 갔고,
그저 돈을 벌기 위해 계약직으로 이런저런 사무실에서
일했어요. 처음엔 금융권 일을 하고 싶지 않다는 마음이
전부였던 것 같아요.

부모님이 학창 시절부터 좋은 성적을 받고 좋은 직업을 갖는 것을
원했다면서요. 가족이나 가까운 친척 중에 예술이나 영화 등
크리에이티브 계통 일을 하는 분이 없었나봐요.

아버지는 전기공학 학위를 취득하고 컴퓨터 관련 일을
하셨어요. 어머니는 피아니스트이셨는데, 나중에는
저와 여동생을 키우며 전업주부가 되셨죠. 두 분 다 예술
쪽으로 특별히 관련은 없으셨어요. 그럼에도 아버지의
영향이 컸는데, 아버지가 영화를 정말 많이 보셨거든요.
그리고 새로운 기술이 나오면 제일 먼저 경험해보는
분이었어요. 레이저디스크(LaserDisc)가 처음 나왔을
때도, DVD가 처음 나왔을 때도 바로 구매하셨죠. DVD나
비디오테이프로 소장한 영화도 굉장히 많았어요. 아마도

거기서부터 영화에 대한 제 애정이 시작되었을지도 모르겠네요. 집에서 영화를 아주 많이 봤거든요.

자라면서 일종의 롤 모델이 있었는지 궁금해요. 혹시 아버지가 그런 롤 모델이었나요?

아버지는 아마 아닐 거예요. 그리고 자라면서 제가 선망하며 바라본 사람들처럼 될 수 있을 거라고 상상하지 않았던 것 같아요. 처음 ‹터미네이터 2›를 봤을 때나 스티븐 스필버그의 영화를 봤을 때도 "저들처럼 되야겠어"라고 생각해본 적이 없어요. 그저 경외심을 가질 뿐이었어요. 오히려 지금은 롤 모델로 삼는 사람이 많이 있습니다. 봉준호, 박찬욱 감독의 커리어는 정말 굉장해요. 폴 토머스 앤더슨 (Paul Thomas Anderson)[10], 코엔 형제(Coen brothers)[11]도 좋아하고, 아리 애스터(Ari Aster)[12]의 팬이기도 합니다. 그들이 커리어를 이끌어온 과정은 물론이고 계속해서 사람들의 사랑을 받는 예술적인 작품을 선보이는 건 대단히 멋진 일이에요. 쿠엔틴 타란티노(Quentin Tarantino)도 마찬가지고요. 이런 창작가들에게 많은 영감을 받고 있고, 저 역시 그렇게 많은 사람들에게 공감을 얻는 오리지널 스토리를 만들기 위해 노력하고 있어요.

쿠엔틴 타란티노에 대해 언급했는데, 타란티노는 본인의
커리어에서 열 개의 작품만 만들고 영화업계에서 은퇴하겠다고
했잖아요. 자신의 커리어에서 명쾌한 플랜을 가지고 움직인다는
게 쉽지는 않은데, 어떻게 생각하나요?

그런 선언을 할 수 있다는 것이 멋집니다. 대부분 많은
사람이 끝낼 시점을 정하지 못한 채 계속 나아가기만
하잖아요. 단호하게
"난 10개만 하고 끝내고
싶어"라고 생각한다는 점이
아주 성숙하다고 느껴요.
저도 〈성난 사람들〉 시리즈에
대해서는 비슷한 생각을
하는데, 정확하게 3개의
시즌만 만들고 싶어요. 종종
사람들은 그저 돈을 벌기
위한 목적으로 무언가를
지속해나가는데, 무엇이든
언제가 끝이고 한계인지를
아는 것이 필요한 것 같아요.
제가 영화를 몇 편이나 더
만들게 될지는 모르겠지만,
타란티노처럼 스스로

10
1970년생. 미국의 영화감독.
〈부기 나이트〉로 상업적인 성공을
거두었고, 〈매그놀리아〉, 〈펀치
드렁크 러브〉, 〈데어 윌 비 블러드〉,
〈마스터〉 등의 작품으로 평단의
찬사를 받았다.

11   미국 독립영화를
대표하는 형제 영화감독 조엘
코엔과 이선 코엔을 일컫는다.
1984년 〈블러드 심플〉로 데뷔한 후
〈바톤 핑크〉, 〈파고〉, 〈노인을 위한
나라는 없다〉 등 유수의 작품을
만들어냈다.

12   미국의 영화감독, 영화
각본가다. 2018년 영화 〈유전〉을
통해 감독으로서 이름을 알렸다.
기이한 설정으로 매 작품마다
관객에게 신선한 충격을 주며
차기작이 기대되는 감독으로
손꼽히고 있다.

자신 아닌 다른 누군가가 되려 애쓰는 것은 시간 낭비입니다

원하는 것을 명확하게 알고 이 태도를 고수하는 점은
감탄스러워요.

스토리를 만들고 콘텐츠를 제작하는 사람으로서 이제 당신은
시작 단계라 생각하겠지만, 개인 커리어의 끝에 대해서 생각해본
적은 없을까요?

끝이란 것에 대해 생각해본 적은 별로 없어요. 그저 제가
할 수 있는 한 무언가를 계속 만들 수 있었으면 합니다.
다양한 유형의 영화를 만들고, 다양한 유형의 작품을
기획해보고 싶어요. 〈성난 사람들〉과 같은 톤뿐만 아니라
청소년물, SF, 액션, 모험 등 해보고 싶은 것이 많아요.
영화는 제작에 시간이 아주 많이 걸리지만, 이 모든
것들을 만들 수 있을 만큼 제 생에 많은 시간이 있길
바랍니다.

크리에이티브한 동료, 원활한 커뮤니케이션이 있다면 수많은 질문도 재미있게 느껴진다

시리즈물도 그렇지만 영화는 시간이나 자본과의 싸움이기도 하잖아요. 〈성난 사람들〉을 제작하면서 시간을 매니징하는 방법에 대해 많이 배웠을 것 같은데 어땠나요?

〈성난 사람들〉에는 굉장히 많은 작업과 시간이 들어갔고, 매일 같이 하루에 20시간은 일했는데, 차마 '매니징'이라 부를 수조차 없는 것 같아요. 그저 육체가 지쳐 쓰러지기 전에 하루동안 최대한 많은 일들을 끝내려 했죠. 도저히 살 수 없을 것만 같았어요. 하지만 시즌 1 은 언제나 어렵고, 첫 번째 시즌이라 모든 것의 기반을 다져야 했기 때문에 더 많은 시간이 걸렸고 힘들었죠. 지금은 주어진 휴식 기간을 통해 다시 운동을 하고 건강하게 먹고, 균형을 잡게 되었는데, 솔직히 말하자면 ⟨성난 사람들⟩을 만들 때보다 훨씬 행복한 상태입니다. (웃음) 그래서 이 건강의 밸런스를 유지하면서 일할 수 있는 방법을 찾고 싶어요. 시간이 없는 상황에서 무언가를 만드느라 건강을 희생시키는 방식은 너무 힘들어요. 앞으로 절대 계속 그렇게 일하고 싶지는 않아요.

고된 작업이었다는 걸 생생하게 알 것 같네요. 도대체 ⟨성난 사람들⟩을 제작하는 데 얼마의 시간을 쏟아부은 건가요?

제작사 A24[13]의 헤드인 라비 난단(Ravi Nandan)과 제일 처음 만나 작품에 대해 의논한 것이 2019년 7월이었네요. 드라마는 2023년 4월에 나왔으니 거의 4년이 걸린 셈이에요. 아주 긴 시간이죠. 하지만 처음 두 해는 하루에 20시간씩 일하진 않았어요. 개발 단계니까 배우 등 스태프와 미팅을 갖는 일이 많았죠. ⟨언던(Undone)⟩[14], ⟨데이브(Dave)⟩[15] 같은 작품의 대본 집필에 참여하고 있기도 했고요. 본격적으로 작가들과 함께 ⟨성난 사람들⟩의 집필을 시작하고 촬영에 들어가면서 많은 시간을 쏟아붓게 되었습니다.

사실 이 질문을 꼭 하고 싶었어요. ⟨성난 사람들⟩을 기준으로 보면 당신은 크리에이터, 쇼러너, 총괄프로듀서로 소개되는데, 다소 복합적인 역할로 보여서 낯설기도 하더라고요. 정확하게 어떤 역할을 수행한 건지 궁금합니다.

티브이 시리즈의 직함 체계는 정말 이상합니다. 그다지 정의가 명확하지 않거든요. (웃음) 사람들이 작가에 대해서 잘 모르는 부분이 있는데, 작가로 데뷔하면 첫 작품에서 그 작가는 '스태프 작가(staff writer)'로 불려요. 업계에 오래 남아 많은 작품을 할수록 직책이 올라가죠. 스태프 작가 다음에는 스토리 에디터(story editor), 그다음에는 총괄 스토리 에디터(executive story editor), 그다음에 프로듀서, 그다음에는 공동 총괄 프로듀서(co-executive producer)가 되는 거죠. 군대에서 점점 높은 계급으로 진급하는 것과 비슷한데, 사실 일 자체는 직책 구분 없이 어느 정도 비슷합니다. 그저 작품을 위한 글을 쓰는 일인데 공동 총괄 프로듀서 타이틀을 동시에

13   미국의 중소 영화제작사로 독립영화계에 떠오르는 신흥 강자다. 작품의 독창성에 주목하며 재능을 가진 감독들의 자유를 보장해 상업적 영화에 지친 관객들에게 큰 지지를 얻고 있다.

14   2019년 아마존 프라임에서 공개된 성인용 애니메이션 드라마. 케이트 퍼디와 라파엘 밥-왁스버그가 제작했다.

15   2020년 FXX에서 방송된 시트콤. 신경증에 걸려 자신이 역대 최고의 래퍼가 될 거라 믿는 데이브의 이야기를 다뤘다.

달기도 해요. 프로듀서 크레딧을 달고 있는 사람들 중에는 제가 만나보지도 못한 프로듀서들이 있는가 하면, 매일 같이 현장에 있는 프로듀서들도 있어요. 직함이 그 사람의 역할을 아주 정확하게 반영하고 있지는 않다는 뜻이에요. <성난 사람들>의 경우에는 이 작품이 제 자식이나 다름없어서 (직함에 대한) 모든 결정을 제가 내렸습니다. 아이디어를 낸 사람에게는 '크리에이터 (creator)' 타이틀을 부여했고, 제게 총괄 프로듀서 직함이 붙은 것은 제 작가 경력이 그 정도 레벨에 이르렀기 때문이고요. 쇼러너(showrunner)는 작가들의 작업실을 운영하는 넘버원 역할로 보면 되고, 촬영장 (세트)을 운영하기도 해요. 또 제가 피날레 회차를 직접 연출했기 때문에, 그 피날레에 대해서는 감독 크레딧도 달고 있어요. 각종 타이틀을 모두 달고 있긴 하지만, 저의 역할과 일은 전반적으로 늘 비슷했습니다. 그저 모든 결정이 저를 통해서 이루어졌을 뿐이죠.

듣고 보니 쇼러너는 영화에서 감독 역할과 비슷해 보이는데, 물론 차이도 있겠죠?

티브이에서는 주로 쇼러너가 최종 결정권자입니다. 그래서 편집을 할 때도 감독들이 디렉터스컷을 내놓으면, 그것을 쇼러너가 다시 쇼러너의 컷으로 만들어요. 그게 최종 편집본이 되죠. 물론 어떤 쇼러너는 이런 것에서 손을 떼고 다른 사람들이 결정을 내릴 수 있도록 총괄하기도 해요. 하지만 저는 제가 모든 결정을 내리는 것이 좋아서 다른 쇼러너보다 훨씬 더 많이 관여했습니다. 영화는 에피소드로 나뉘는 티브이 시리즈와 달리 감독이 최종 결정권을 갖고 있고, 감독이 카메라 무빙에도 관여하죠. 그런데 티브이에서는 쇼러너가 최상위 결정자라고 해도 비주얼 측면의 총괄 권한은 감독에게 줘요. 쇼러너가 감독에게 가서 비주얼에 대한 이런저런 지시를 할 수가 없어요. 그래서 쇼러너는 감독과 좋은 관계를 유지해야 합니다. 다행히 저는 저의 가장 가까운 친구 중 한 명인 제이크 슈라이어 (Jake Schreier)[16]가 〈성난 사람들〉의 10개 에피소드 중 6개 에피소드를 연출했어요. 또한 그는 프로듀싱 디렉터이기도 했죠.

영화제작과 관련된 책을 읽다가 재미있는 구절을 발견했어요. 저자가 영화감독인데, 영화를 찍는 과정에 너무 많은 결정이 필요하다 보니 현장에서 "질문 좀 그만하라"는 말이 저절로 입 밖으로 나왔다고 하더군요. 당신은 수많은 결정 사이에서 어떤 태도를 취했나요?

16   미국의 영화감독. 대표작으로는 〈로봇 앤 프랭크〉, 〈페이퍼 타운〉, 〈성난 사람들〉 등이 있다. 칸예 웨스트, 켄드릭 라마 등 세계적인 뮤지션의 뮤직비디오를 연출하기도 했다.

〈성난 사람들〉 현장에서 좋았던 것은, 제가 내려야
할 결정이 많긴 했지만 팀으로서 아주 강력한 힘을
발휘했다는 점이에요. 저는 그들을 모두 신뢰했어요.
취향도 탁월하고, 굉장히 스마트한 멤버들이었거든요.
최종 결정을 제가 내린다 해도 그렇게 부담스럽지
않았어요. 이렇게 강력한 팀이 없었더라면 저 역시도
결정을 내리는 것에 큰 압박을 느꼈을 거예요.
하지만 크리에이티브한 사람들과 일하고 그들과의
커뮤니케이션이 원활하다면, 그런 수많은 질문들도
재미있게 느껴져요. 즐겁고 쉽게 작업에 몰입할 수
있죠. 문제를 발견하고 논의하는 그 모든 과정에서요.
그리고 마땅히 그런 방향으로 가야 한다고 생각해요.
일은 재미있어야 하니까요. 그게 아니라면 저는 그냥
투자은행업을 계속해야 했겠죠.

공동 작업에서 좋은 결정을 내릴 수 있는 핵심 요소가 팀에 대한
믿음이라고 생각하는 건가요?

제 생각엔 리더가 가고자 하는 방향을 명확하게
설정하고, 균형을 이루는 게 중요한 것 같아요. 특정
목적지를 향해 사람들을 이끌 수 있어야만 하죠.
그러면서 동시에 합류한 사람들, 신뢰하는 스태프들이
재미있고 새로운 솔루션을 기꺼이 낼 수 있는 여지도

레베카 선(Rebecca Sun), 〈성난 사람들〉의 제작자 이성진이
말하는 시즌 2에 대해 "심연을 들여다보고 무엇이 나를
바라보고 있는지 봐야 한다"('Beef' Creator Lee Sung Jin
on Writing a Possible Season 2: "I Need to Look Into
the Abyss and See What's Staring Back") 중
(《The Hollywood Reporter》, 2024.1.17)

〈성난 사람들〉을 제작하는 과정에는 모두가 평소보다 경계심을
내려놓게 하는 무언가가 있었던 것 같아요. 결국 중요한 것은
사람입니다. 사람들이 서로 소통하고 협업을 하는 방식은
함께 만들어내는 작품에도 영향을 미치니까요. 만약 시즌 2가
제작된다면 다시 한번 사람들과 이런 특별한 경험을 할 수 있을
것 같아 매우 기대가 됩니다. 공동체의식과 협업을 바탕으로
형성되는 긴밀한 우정 말입니다.

남겨야 해요. "자, 저 목적지에 도달하기 위해 우리는 이쪽으로 가야 해"라고 생각하고 있다가도 훌륭한 팀과 함께라면 "이 길로 갔다가 저 길로, 그다음에는 이러한 길로 갈 수도 있겠구나. 이게 훨씬 재미있는 방식인 걸" 하고 깨닫기 시작하거든요. 그래서 팀원들에게 보여줄 수 있는 훌륭한 비전, 그리고 생각지도 못한 새로운 방식으로 그 비전을 향해 데려다줄 사람들을 섭외하고 믿는 일 사이에서 균형을 잡는 것이 중요합니다.

최고의 아이디어는 가만히 앉아 있을 때 나오지 않는다

⟨성난 사람들⟩ 마지막 회 연출을 직접 맡았다고 했잖아요. 마지막 회는 다른 에피소드와 조금 다르게 현실에서 한 발짝 떨어진 한 편의 우화 같기도 했거든요. 어떤 이유로 직접 연출을 하게 되었나요?

우화 같은 요소가 있긴 하죠. 음악도 그렇고요. 마지막 에피소드의 시작에 까마귀가 등장하잖아요. 작곡가에게 부탁할 때, 음악이 마치 동화책을 여는 것 같은 느낌이었으면 좋겠다고 이야기했거든요. 그래서 (말씀하신 우화는) 사실 매우 의도된 부분입니다. 이런 선택들은 대부분 직관적으로 이루어졌는데, 그냥 그렇게 해야 할 것만 같았어요. 저는 대체로 이야기를 보는 사람의 해석에 맡기는 편인데, 누구에게든 "이런 선택은 이런 의미로 이루어진 거야"라고 강요하고 싶지 않기 때문이죠. 사실 저조차도 왜 그런 선택을 했는지 모를 때가 많아요. 그저 제 직감에 따랐을 뿐이니까요.

사실 마지막 회에서 개인적으로 제일 인상적이었던 건 1980년대생인 두 주인공이 아주 구체적인 사례를 들며 세대적 경험에 공감하는 대화였거든요. 그래서 당신 역시 1980년대생이겠구나 하고 확신했어요.

창작 글쓰기에 대한 아주 잘 알려진 말이 있는데, 바로 "자신이 아는 것을 써라(write what you know)"라는 거예요. 제 자신이 아는 것은 곧 자신의 경험이잖아요. 저는 1981년에 태어났고, 스티븐 연도, 앨리 웡(Ali Wong)[17]도 1980년대에 태어났어요. 이 캐릭터들은 마음을 열고 그들이 왜 지금의 모습이 되었는지를 이해하려 하는데, 결국 본인들이 태어났던 시대로 돌아가게 됩니다. 같은 세대로서 우리가 겪어온 것들은 우리가 내리는 결정에 영향을 미치니까요.
드라마의 모든 에피소드 초반에 나오는 인용문 형식의 타이틀이 있는데요,

17   베트남-중국계 미국인 배우. 넷플릭스의 스탠드업 코미디 스페셜로 주목받았다. 〈성난 사람들〉에서는 삶이 만족스럽지 않은 여성 사업가 에이미 라우를 연기했다.

에피소드 8의 타이틀은 'The Drama of Original Choice(독창적인 선택의 문제)'였습니다. 시몬 드 보부아르[18]의 책 «애매성의 윤리학(The Ethics of Ambiguity)»[19]에서 발췌한 건데, 우리의 자유의지라는 것이 실제로 얼마나 자유의지라고 할 수 있는지, 그 의지가 우리보다 앞서 살았던 사람들과 결정들의 산물은 아닌지에 대한 이야기를 담고 있어요. 즉 우리가 어떤 선택을 할 때, 자신만의 고유한 도덕적인 선택을 하는 것인지, 아니면 그것이 수십 년에 걸쳐 쌓인 트라우마의 산물이며 우리의 통제를 벗어난 것인지는 알 수 없다는 거죠. 그것이 드라마를 관통하는 큰 주제였고, 자연스레 1980년대가 그 소재가 되었다고 볼 수 있습니다.

그러면 당신은 1980년대생으로서 시대의 어떤 것을 흡수했고, 어떤 것에 반발했다고 생각하나요?

극중의 대니(스티븐 연 분)와 많이 공감했는데, 정크푸드와 사탕과 간접흡연과 포르노가 우리를 망쳤다는 부분이 그렇습니다. 이런 요소들을

18   20세기 프랑스의 실존주의 철학자이자 작가. «초대받은 여자», «타인의 피», «레 망다랭» 등의 작품이 있으며, 페미니즘의 고전으로 꼽히는 «제2의 성»을 저술해 반향을 일으켰다.

19   모순과 부조리로 가득 찬 세상에서 자유로운 실존으로 살아간다는 것의 의미를 캐묻는 내용으로, 국내에서는 «그러나 혼자만은 아니다»라는 제목으로 출간되었다.

많이 흡수한 실험실 쥐가 바로 두 주인공이라는 거죠. 실제로 제 삶이 그랬던 것 같아요. 저는 정크푸드를 굉장히 좋아했어요. 한국 이민자들의 삶은 특히 그랬죠. 많은 이민자 가족은, 특히 1980년대에는 패스트푸드가 몸에 나쁘다는 것을 아무도 몰랐어요. 모두가 가난했고, 부모님들은 너무 열심히 일하느라 시간도 없었죠. 더군다나 새로운 나라에 와 있고요. 그러다 보니 많은 가족이 패스트푸드에 쉽게 손을 뻗었죠. 1980년대에는 가공식품이 주를 이루었는데, 그것이 우리 건강이나 정신에 어떤 영향을 미치는지에 대한 고려 없이 빠르고 쉽고 편리하니까 자꾸 찾게 된 거예요. 이제는 명상과 같은 많은 노력을 통해야만 습관과 생각하는 방식을 바꿀 수 있고요. 우리(1980년대생)에게 그런 것이 주어졌다는 게 다소 부당하다고 느끼기도 해요. 하지만 바꿔 생각해보면 모든 세대가 저마다의 장단점이 있죠. 2000년대에 태어난 아이들은 SNS가 곧 패스트푸드일 테고요. 1950년대에 태어난 우리 부모님은 세계대전, 베트남전, 한국전쟁 같은 일들을 겪었어요. 각 세대마다 저마다의 짐이 있는 것이니, 우리 세대가 더 낫거나 혹은 더 나쁘다고 생각하지는 않아요. 그저 우리는 어떤 특정한, 우리만의 짐을 짊어지고 있는 거죠.

작가의 자아에 대해서도 좀 이야기해보고 싶어요. "글쓰기의 90

퍼센트는 아무것도 하지 않는 것이다"라고 말한 적이 있는데,
분야는 다르지만 저 역시도 글쓰기가 일의 상당 부분을 차지하는
사람으로서 이 말이 어떤 의미를 갖는지가 굉장히 궁금했습니다.

실제 앉아서 타이핑하며 글을 쓰는 행위는 빙산의
일각일 뿐이에요. 빙산 아래 바다 속에는 훨씬 더 많은
것들이 펼쳐져 있고, 그만큼 무의식적으로 계속 뇌가
아이디어를 탐색하고, 과거 경험에 대해서 생각하고,
사람들을 관찰하는 시간이 없었더라면 타이핑을 할
수도 없죠. 〈성난 사람들〉의 많은 부분은 제가 그동안
살면서 관찰해온 것들, 제가 삶의 여러 시점에서
만나온 사람들과 기억들에서 만들어진 거예요. 그런
부분은 실제로 집필하는 과정은 아니죠. 그냥 살아가고
생각하는 데서 온 거예요. '아무것도 하지 않는다'는 말은
이런 의미였던 것 같아요. 최고의 아이디어는 가만히
앉아 있을 때 나오지 않아요. 산책을 하다가 갑자기
재미있는 것들이 떠오르면 핸드폰에 적어뒀다가 나중에
다시 들여다보죠. 샤워를 할 때도 많은 아이디어들이
쏟아지고요. 실제로 무언가를 하고 있는 것은 아니지만
뇌가 가고 싶어하는 곳으로 그냥 가게 두는 거예요.
그리고 밖으로 나가 삶을 살고 많은 경험을 해야 하죠.
그러다 보면 "세상에, 저기 저 앞에 줄 서 있는 저 사람의
행동이 너무 재미있잖아"라고 느끼는 순간들이 있고,

| 그걸 글로 써요.

«잡스»의 지지난 편에선 여러 소설가를 만나 인터뷰를 했는데요.
많은 소설가들이 매일매일 루틴처럼 글 쓰는 시간을 갖는 게
본인의 재능이라 말하곤 했는데, 당신이 말한 맥락과는 조금 다를
수 있겠지만 앉아서 글을 쓰는 행위도 90퍼센트만큼이나 중요한
10퍼센트이지 않을까요?

저는 루틴처럼 글을 쓰지는 않습니다. 프로젝트
중에는 물론 그렇게 해야죠. 〈성난 사람들〉 전에는
〈데이브〉를 쓰고 있었는데, 그 4개월 동안에는 〈데이브〉를
작업하느라 매일 같이 작업실에서 글을 썼어요. 하지만
프로젝트가 없을 때 앉아서 글 쓰는 일은 정말 하고 싶지
않아요. 문득 떠오르는 재미있는 아이디어를 적어두긴
하지만, 대본을 쓰거나 신을 쓰거나 하는 일은 안 해요.
지금 파업 기간 중에도 이런저런 아이디어들이 떠오르고,
인터뷰 전에도 〈성난 사람들〉 시즌 2와 관련해 몇 가지
아이디어가 떠올라서 적어두기는 했어요. 머릿속에
이런저런 생각이 떠오르도록 하는 시간이라고 할까요.
매일같이 같은 시간에 앉아서 신을 쓰면 재미있지 않을
거예요.

"1980년대에 태어난 사람은 죄다 맛이 간 거 알아? 그게 다
패스트푸드랑 사탕, 망할 놈의 간접흡연 때문이야. 생각 좀 해봐.
우리가 사춘기 때 인터넷이 발명됐어. 집에서 독립할 때쯤에는
인터넷이 자리 잡았고."

"맞아. 온갖 포르노, 미지의 영역."

"그러게, 서부 개척 시대 같았지. 굳이 찾을 필요도 없었어.
지천으로 널려 있었거든. 우린 실험실 쥐였다니까, 안 그래?
이용당한 거야. 개판이네."

"그건 맞는 말 같다."

그럼 일상에서 규칙적으로 하는 것은 뭐가 있을까요?

〈성난 사람들〉이 끝난 이후로는 건강한 루틴을 찾으려고 노력하고 있어요. 일주일에 두 번은 복싱을 하고, 세 번은 저항성 운동[20]을 합니다. 그다음엔 일주일에 한번 정도는 테니스를 치러 하고요. 건강을 되찾으려는 노력을 많이 하고 있었죠. 크리에이티브 측면에서는 매일같이 뭔가를 보려고 노력해요. 드라마라든지 영화라든지. 아니면 어떤 프로그램이나 영화의 장면을 분석하거나 마틴 스코세이지(Martin Scorsese)[21] 영화의 비하인드를 다루는 유튜브 콘텐츠라도 보려고 하죠. 엔터테인먼트 관련 콘텐츠를 매일 보려고 해요. 루틴으로 삼으려는 정도는 아니고, 제가 원해서 하는 거예요. 일상에 어느 정도 체계를 갖추려 노력하지만 한편으로는 글쓰기를 일처럼 느끼고 싶진 않아요. "이건 일이네"라고 느끼는 시점부터 열정으로 하는 일이 아니게 되니까요.

일이 일처럼 느껴지지 않는 것은 어느 정도 행운의 영역이 아닌가 하는 생각이 드네요.

맞아요. 행운이라고

20 근력 및 근지구력을 발달시키기 위해 신체 또는 기구 등의 무게를 활용해 근육의 이완과 수축을 반복하는 운동.

21 미국의 영화감독 겸 제작자로 현대 영화의 거장. 1973년 자전적 이야기를 담은 〈비열한 거리〉로 비평적 관심을 받았고, 1976년 〈택시 드라이버〉로 칸 영화제 황금종려상을 수상하면서 세계적인 명성을 얻었다.

생각해요. 하지만 누구든 어떤 일을 하든 아침에 기꺼이 일어나서 하고 싶은 일을 했으면 해요. 우리에게 주어진 삶의 길이는 정해져 있는데 그 안에서 일은 꽤 많은 비중을 차지하잖아요. 18세에서 65세 사이엔 굉장히 크겠죠. 나중에 죽을 때가 되어서 삶을 돌아봤을 때 삶이 가치 있었다고 느끼려면 일을 재미있게 할 방법을 찾는 게 중요한 것 같아요. 자신이 좋아하고 원하는 일을 해야죠. 물론 좋아하는 일이라고 해서 하기가 쉽다는 뜻은 아니에요. 글쓰기는 너무 힘들고 디렉팅은 너무 어렵죠. 지치는 일이에요. 하지만 이 일을 할 때 제가 진짜 살아 있다는 느낌이 들어요.

관객이 미처 원하는지도 몰랐던 이야기를
내놓을 수 있어야 한다

유튜브도, 영화도, 티브이 쇼도 많이 본다고 했는데,
영화감독이라는 사람들의 공통점은 대부분 영화라는 매체에
애정을 가진 훌륭한 관객, 시네필이기도 하다는 점입니다. 당신은
어떤 관객인가요?

일종의 시네필이라고 할 수도 있겠지만, 정말 좋아하는
사람들에 비하면… (그렇지도 않은 것 같아요). 이런저런
영화를 봤고, 특히 잉마르 베리만(Ingmar Bergman)[22]
감독의 팬이라 그의 영화는
대부분 봤어요. 앨프리드

22   스웨덴의 영화감독이자 연출가. 〈제7의 봉인〉을 비롯해 〈산딸기〉, 〈침묵〉 등 많은 작품을 남겼으며 무대극 연출 등에서도 활약하였다.

히치콕 영화도 많이 봤지만,
제가 마땅히 봤어야만 하는

옛날 영화 중에서는 안 본 것이 많아요. 왠지 모르겠지만 옛날 영화는 보기가 힘들더라고요. 하지만 1990년대와 2000년대의 영화는 정말 좋아해요. 개인적으로는 1993~1994년부터 2004년까지 10년 동안이 영화산업의 최고 전성기였다고 생각해요. 그 시대의 영화를 정말 많이 봤어요. 그 시대 영화의 시네필이라고는 할 수 있겠네요.

어떤 면에서 1990년대~2000년대 초반의 영화가 매력적이라고 생각하나요?

딱 꼬집어 말하기는 어려워요. 그냥 그때 영화들이 제일 재미있었던 것 같아요. ‹부기 나이트 (Boogie Nights)›[23], ‹매그놀리아(Magnolia)›[24] 등을 보면 날것의 감정들이 드러나잖아요. 데이비드 핀처(David Fincher)[25]도 그 시대에 등장했죠. ‹파이트 클럽(Fight Club)›, ‹세븐 (Seven)›… 아주 스릴

23   1997년 영화로 폴 토머스 앤더슨 감독의 초기 작품이다. 캘리포니아에 사는 십대 소년을 통해 1970년대 말과 1980년대 초 포르노 영화업계에 관한 이야기를 담았다.

24   폴 토머스 앤더슨 감독의 세 번째 장편영화다. 과거의 상처에서 벗어나지 못해 정신적, 육체적으로 병든 삶을 살아가는 다양한 인물들의 현재가 펼쳐진다.

25   미국의 영화감독이자 제작자. ‹벤자민 버튼의 시간은 거꾸로 간다›와 ‹소셜 네트워크›로 두 차례 아카데미 감독상 후보에 올랐다.

넘치는 영화들이에요. 시대에서 우러나오는 에너지가 있어요. 대학 시절에 대런 애러노프스키(Darren Aronofsky)[26] 감독의 ‹파이(Pi)›를 처음 보고는 "이런 영화를 만들 수 있다니" 하며 감탄했던 기억이 납니다. 개인적으로 그런 영화들과 감정적인 유대를 형성했어요. ‹이터널 선샤인(Eternal Sunshine of the Spotless Mind)›[27]은 가장 좋아하는 영화인데, 로맨스 영화 중에서는 최고인 것 같아요. 당시의 제 나이 때문인지도 몰라요. 고등학교를 졸업할 무렵, 대학에 들어갈 즈음의 나이였으니 감성적 측면에서 자아 형성에 아주 중요한 시기잖아요.

저 역시도 당신과 같은 시기에 말한 영화들을 보고 자란 1980년대생이어서 그런지 마치 사적인 영화 리스트를 듣는 것 같네요.

‹성난 사람들›의 작가 중 한 명인 알렉스 러셀(Alex Russell)과 매 에피소드 엔딩 크레딧 직전에 넣을 음악의 아이디어를 논의하고 있었는데요, 그런 전략을 잘 사용한 드라마

26　　　미국의 영화감독. ‹파이›로 1998년 선댄스 영화제 감독상을 받았다. ‹더 레슬러›, ‹블랙 스완›, ‹더 웨일› 등의 작품을 선보였으며, 스타일리시한 연출과 심리묘사가 뛰어나다는 평가를 받는다.

27　　　2004년에 개봉한 미셸 공드리 감독의 SF 로맨스 영화. 실패한 연애를 잊기 위해 기억을 지우는 과정을 특유의 영상미로 전달하며 상업적, 비평적 성공을 거두었다.

중에 하나가 ‹소프라노스(The Sopranos)›[28]예요.
‹소프라노스›는 주로 1960년대와 1970년대의 음악을
사용했죠. 알렉스가 말하길, "데이비드 체이스(David
Chase, ‹소프라노스›의 작가이자 제작자)가 그 음악들을
쓴 이유는 그가 20대, 혹은 고등학생 시절에 그 음악들을
들었기 때문이야. 당연히 그 음악들과 정서적인 유대가
있겠지. 그걸 ‹소프라노스›에 적용한 거야"라며 "너도
청춘 시기에 공감했던 음악을 쓰면 좋을 것 같아"라고
하더군요. 생각해보면 스코세이지 감독 등을 포함해
1970년대에 영화산업의 전성기를 만든 제작자들은
웨스턴 장르같이 그들이 자라면서 봤던 영화를 레퍼런스
삼는 게 당연해요. 가끔은 그들의 영화를 보면서 "우리도
웨스턴 영화들을 레퍼런스 삼아야 하나?"라고 생각할
때도 있었지만, 제가 좋아하고 흡수했던 영화들은
1990년대와 2000년대의 영화였으니, 그 시절의
작품들이 레퍼런스가 되는 게 자연스럽죠.

지난 몇 년간 영화감독, 배우, 작가를 포함한 크리에이터들이
티브이 시리즈로 향해 왔어요. 영화제작에 대한 피로감을
호소하는 영화감독들도 있었고요.
티브이 시리즈라는 것이
창작가들에게 안전한 생태계가 될 수
있을까요?

28   1999년부터
2007년까지 HBO에서 방영된
범죄물 드라마. 많은 비평가에게
미국 드라마 역사에서 가장 뛰어난
작품이라는 찬사를 받았다.

그렇게 생각합니다. 하지만 그저 티브이 시리즈에만 국한된 것은 아니에요. 넷플릭스에 올라오는 영화도 더 많은 관객에게 닿고 있어요. 티브이든 영화든 넷플릭스는 일종의 안전 구역을 제공하는 것 같아요. 영화업계가 굉장한 변화를 겪고 있잖아요. 이제 극장에서 상영관을 많이 확보하려면 〈오펜하이머(Oppenheimer)〉나 〈바비(Barbie)〉급의 규모가 되어야 해요. 저예산 영화는 아무래도 쉽지 않죠. 저는 아리 애스터의 신작 〈보 이즈 어프레이드(Beau Is Afraid)〉가 굉장한 영화였다고 생각했는데, 상영관에서는 그리 좋은 성적을 내지 못했어요. 넷플릭스 같은 플랫폼에서 공개했다면 훨씬 더 결과가 좋았을 거예요. 극장에 걸리기 어려운 작품들이 수백만 명에게 닿기 쉬운 플랫폼이니까요. 저 역시도 언젠가 넷플릭스에 공개될 영화를 만들 수 있기를 바라고 있고요.

그럼 극장에 가는 경험에 대해서는 어떻게 생각하나요? 꼭 지속되어야만 하는 문화인지, 혹은 소수만의 경험으로 남겨질 문화라고 보는지요?

저는 극장에 가는 경험을 정말 좋아합니다. 2주에 한번씩은 최소 한 편의 영화를 극장에서 보려고 하죠. 극장에서만 할 수 있는 공동체적 경험은 정말 멋져요.

비즈니스가 바뀌고 있지만, 사람들은 함께하는 경험을 앞으로도 계속 좋아할 테니 극장은 계속 존재할 겁니다. 하지만 극장에 가는 이유는 바뀌고 있어요. 집을 나서서 20달러를 기꺼이 사용할 명분이 있어야 합니다. 만약 자녀가 있다면 베이비시터를 구하는 등 나갈 준비를 해야 하죠. 그래서 점점 사람들은 볼거리와 구경거리가 많은 영화를 즐기기 위해 아주 큰 스크린이 있는 극장을 선택하는 것 같아요. 저 역시도 그런 경험을 제공할 수 있는 영화를 만들고 싶고요. 그저 집에서 영화가 공개되기를 기다리기보다 극장에 직접 가서 볼 만한 작품을 만들기 위해 아이디어를 모색하는 거죠. 극장에서 상영될 작품을 만들려면 관객에 대해 계속 생각해야 하고, 그들에게 기꺼이 외출할 만한 이유를 주는 수밖에 없습니다.

크리스토퍼 놀란 감독은 어느 인터뷰에서 "관객들이 내게 영화라는 것의 정의가 무엇인지 말해주면 그다음 나의 행보를 찾을 수 있을 것 같다"고 말했어요. 당신은 영화의 답이 어디에 있다고 생각하나요?

그 답을 관객에게서 찾으면 안됩니다. 관객에게 놀라움을 선사하고 그들이 미처 원하는지도 몰랐던 이야기를 내놓을 수 있어야 한다고 생각해요. ⟨성난 사람들⟩로 예를 들면, 저는 그저 두 아시안 가족에 대한 이야기를 쓸 수도 있었을 거예요. 스티븐과 앨리가 그 정도 역량을 지닌 배우들이니 그러한 이야기로도 충분히 먹혔을 겁니다. 하지만 현대의 관객들에겐 유튜브에서 시선을 뗄 만한 어떤 후킹 요소를 줘야 해요. 제 작품에선 로드 레이지 (road rage)[29]가 그 후킹 요소였죠. 어느 나라에서 어떤 언어를 사용하든 일어나는 보편적인 일이니까요. 트로이의 목마[30]와 비슷해요. '스무디에 케일을 숨겨라 (hide kale in the smoothie)', '캔디에 비타민을 숨겨라 (hide the vitamins in candies)'와 같은 전략이죠. 관객에게 그들이 예상한 이상의 것을 선사해야 하고, 특히 비디오 게임이나 스마트폰, 유튜브와 경쟁해야 하는 지금 시대에는 더욱 그렇죠. 적어도 저는 그런 방식으로 작품을 만들려 하고, 그것이 이 변화하는 시대와 발걸음을 나란히 하는 방식인 것 같아요.

29   '도로 위의 분노'라는 뜻으로 도로에서 벌어지는 난폭 행동을 의미한다.

30   트로이 전쟁 당시 그리스인들이 트로이 성에 입성할 때 사용했다고 전해지는 목마. 오늘날에는 표적이 안전하게 보호되는 요새나 적을 유인하는 책략을 일컫는다.

창작자가 모든 것을 명확하게 이해하면 스토리는 마치 하나의 노래처럼 들린다

보통 미국 티브이 시리즈 같은 경우는 파일럿[31]을 진행한 뒤 그 반응을 보고 정식 프로로 론칭하는 식으로 진행된다고요. 그런데 〈성난 사람들〉은 파일럿 단계 없이 넷플릭스의 투자가 결정되었어요. 어떻게 이게 가능했던건가요?

우선, 파일럿을 만들지 않아도 되어서 굉장히 좋았어요. (웃음) 개인적으로 파일럿을 만드는 과정을 좋아하지 않는데, 파일럿을 만들고 기다리고 피드백을 받고, 그리고 그 후에 다시 모든 것들을 시작하는 과정에 너무 많은 시간이 소요되거든요. 파일럿에 대한 사람들의 반응에도 대응해야 하고요.

31 텔레비전 방송국 등이 스폰서 획득을 위해 시험 삼아 내보내는 프로그램.

〈성난 사람들〉의 제작에서 정말 좋았던 건 기획안을 발표하던 시점부터 넷플릭스가 저를 신뢰해서 바로 "에피소드 10개를 다 만드시죠"라고 정했던 거예요. 그래서 막연한 기대를 품고 하나의 에피소드를 만드는 것이 아니라, 시작과 끝을 모두 염두에 두면서 제작에 임할 수 있었어요. 시리즈를 순서대로 만들 수 있어서 정말 기뻤고 앞으로도 그런 식으로 드라마를 만들 수 있다면 정말 좋겠습니다.

프레젠테이션 한 번으로 넷플릭스가 쇼의 가능성을 봤다는 거네요?

그렇습니다. 발표할 때는 파워포인트로 프레젠테이션을 하는데, 모든 내용을 다 훑어가요. 예를 들어 포토샵으로 스티븐의 사진을 활용해 차에 타고 있는 신을 만들고, 앨리가 등장하는 특정 신도 마찬가지로 사진을 통해 구현하죠. 음악도 더하고, 타이틀 파트도 명확하게 보여주고요. 그렇기 때문에 사람들은 제가 창작하려는 장면들이 모두 만들어질 준비가 되었다는 인상을 받을 겁니다. 발표가 끝나고 나면 그들이 상상할 여지가 아주 적게 남을 수밖에 없죠. 제 발표를 통해 그들은 대단히 많은 디테일들을 듣게 되었고, 저 역시 제가 하고자 하는 일을 명확하게 파악하고 있었기 때문에 바로 진행시키자고 할 수 있었어요. 제가 발표 때 보여줬던 내용들은 시청자들이 본 최종 결과물에 거의 그대로 남아 있다고 봐도 됩니다.

설득의 비결을 딱 하나만 꼽는다면 뭘까요?

스토리텔링의 기반이 탄탄해야 해요. 사람들은 무엇보다도 좋은 스토리에 반응하니까요. 이야기의 시작, 중간, 끝을 자신 있게 말할 수 있고, 인물에 대한 이해가 훌륭하고, 인물이 부상하고 몰락하는 과정과 전체 서사를 관통하는 주요 감정선에 대해 명확하게 설명할 수 있어야 하죠. 창작자가 그 모든 것을 명확하게 이해하고 있으면 마치 하나의 노래처럼 들리게 됩니다. 최종적으로 만들어지는 노래는 더 많은 프로덕션 과정을 거쳐 더 다양한 질감을 지니게 되겠죠. 하지만 프로덕션 단계 이전에 기타로 그 노래를 연주하면 코드의 연주만으로 듣는 사람들에게 어떤 감상을 전달할 수 있어요. 코드를 제대로만 알고 있다면요. 그들이 무언가를 느낄 수 있는 여정으로 빠르게 데려가는 거죠. 제작자들 앞에서 〈성난 사람들〉을 발표할 때, 저는 그 노래의 코드를 제대로 파악하고 있었던 것 같아요.

작가로서의 자신과 쇼러너 혹은 디렉터로서의 자신, 두 자아

사이에 좀 다른 점이 있나요? 둘 중에 하나를 꺼내 쓴다는 느낌이 있는지 궁금해요.

그렇진 않아요. 동시에 그 자아들이 한꺼번에 나온다고 할까요. 촬영장에서도 여전히 글에 대해서 생각하고, 각 장면과 연기들이 스토리에 어떤 영향을 미치는지 고민하는 한편, 글을 쓸 때도 촬영을 어떻게 할지 시각적으로 생각하고 있죠. 그리고 글을 쓰는 동안에도 이 부분은 비용을 어떻게 충당하고, 로케이션을 줄여볼 방법이 없을까 고민하죠. 여러가지 역할을 한 번에 하는 셈이에요.

그럼 감독으로서 가장 중요한 자질은 동시에 상상하는 능력이라고 봐도 될까요?

맞아요. 그 능력이 아주 도움이 됩니다. 모든 사람들이 다 그렇지는 않지만요. 어떤 사람들은 글쓰기에만 집중하기도 해요. 하지만 저는 마지막에 편집에도 관여해야 하니 그 능력이 중요하다고 생각해요. 한 프레임은 또 다른 프레임으로 넘어가니까요. 저로서는 최종 컷이 어떻게 나올지 상상하는 일이 아주 도움이 돼요. 그런 시간을 가질수록 촬영도 수월하고 더 나아지죠. 하지만 티브이 시리즈는 스토리보드를 그리고 미리 연습하는 것이 거의 불가능합니다.
앞으로는 그런 시간을 가질 수 있으면 정말 좋겠어요.
촬영장에서 필요한 촬영에만 집중할 수 있을 테니까요.
봉준호 감독과 박찬욱 감독도 촬영하기 전에 모든
것을 스토리보드로 그려놓는 걸로 알고 있어요. 하지만
저는 아직 그런 사치를 부릴 수가 없습니다. (웃음)
그래서 머릿속으로 더 많이 그리려고 하고, 글을 쓸 때
머릿속에서 편집을 해보려 해요.

실패에 대한 이야기도 나눠보고 싶어요. 직업인으로서 슬럼프가
왔다고 느끼는 순간이 있었겠죠. 그 슬럼프를 어떻게 받아들였고
슬럼프를 통해 무엇을 얻었다고 생각하나요?

저는 코미디 장르로 제 커리어를 시작했어요. 본격적인
코미디 쇼였는데, 3년 동안 멀티캠 시트콤(multi-
camera sitcoms)[32] 각본을 썼고 그 작업을 하는 동안
그다지 행복하지 않았어요. 제가 원하는 커리어의
방향이 아니었죠. 하지만 지금 돌이켜보면 그 시기에
감사해요. 멀티캠 시트콤은 제가 원했던 스타일이
아니었지만, 현장에서
관람하는 관객들을
타깃으로 촬영하는 일이다
보니 농담을 정말 빠른 시간

32   여러 대의 카메라를
동시에 사용해 장면을 녹화하는
시트콤. 대표적으로 〈프렌즈〉와
〈빅뱅 이론〉이 이에 해당한다.

안에 써내야 했거든요. 관객이 농담에 웃지 않으면 빨리
다른 농담으로 대체해야 했죠. 그러다 보니 아주 빠르게
농담을 써내는 데 뇌가 길들여지기 시작했어요. 저한테는
아주 좋은 훈련이었고, 그래서 〈성난 사람들〉 작업 때
맘에 들지 않은 대사를 아주 빠르게 고쳐 쓸 수 있었어요.
그런 실패라고 할 수 있는 경험들조차 도움이 되었고
뭔가 배울 만한 것이 있었죠.

영화를 하려는 젊은 사람들에게 조언을 한다면 어떤 말을 건넬 수
있을까요?

저의 조언은 "자신답게 하라"는 거예요. 제가 좀 더
젊었을 때는 다른 것을 카피하고 흉내 내는 데 시간을
너무 많이 썼고, 성공하기 위해서 무엇을 해야 하는지
어떻게 써야 하는지, 어떤 스타일로 써야 하는지
고민하는 데 너무 많은 시간을 썼어요. 심지어 제가 봐야
하는 영화, 제가 좋아해야 하는 영화들이 어떤 것인지에
대한 고민도 너무 많이 했죠. 실제로 제가 좋아하지는
않지만 다른 사람들이 제게 좋아해야 한다고 하니까 본
영화들도 많았고요. 커리어가 조금 더 뒤로 접어들어서야
제 자신답게 하는 것에 마음이 편해졌어요. 자신이
아닌 무언가가 되기 위해 노력하지 않을수록 각 개인은
더 특별한 존재가 됩니다. 누구도 자신과 같지 않고,

그렇기에 자신답게 하는 것에 편안함을 느끼고 그걸 잘 드러낼수록 사람들이 그 특별함을 더 잘 발견할 수 있죠. 사람들은 그런 데서 매력을 느끼거든요. 자신이 아닌 다른 누군가가 되려 하는 것은 시간 낭비라고 생각해요.

봉준호 감독이 오스카 시상식에서 했던 수상 소감과 같은 맥락이네요. 그도 '가장 개인적인 것이 가장 크리에이티브한 것이다'라는 말을 인용했잖아요.

네. 맞아요.

영화 만드는 일을 무언가와 비유한다면 어떨까요? 누군가는 '싸움'이라고도 말했습니다.

틀린 말은 아니에요. (영화제작에는) 싸움 같은 부분이 있죠. 하지만 저는 영화 만드는 일을 새로운 대륙을 발견하기 위해 떠나는 일에 비유하고 싶어요. "몇 달 동안 바다를 건너 무언가를 찾으러 갈 거고, 가면 분명히 무언가가 있을 것 같은데, 여러분 모두가 저를 믿어줬으면 좋겠어요. 제가 여러분을 그곳으로 데리고 갈게요"라고 하는 것이나 다름없죠. 콜럼버스가 처음 항해를 떠날 때도 북아메리카 대륙이 존재한다고 알려주는 지도는 없었잖아요. 폭풍을 만날 수도 있고,

바다 위에서는 예기치 못한 일들이 일어날 것이고,
배가 고장 날 수도 있고, 화가 난 사람들도 있겠지만…
이 배 안에서는 모두가 스태프고 그저 옳은 방향으로
가고 있다고 믿을 수밖에 없죠. 때로는 그 과정에서
싸움도 있어요. 자연과 싸우고, 비바람과 싸우고, 서로와
싸우겠죠. 나의 직감이 이끄는 곳으로 향해 가는데
그것이 정확히 무엇인지는 알 수 없고, 그것이 무엇인지
같이 발견해줄 사람들과 팀으로서 함께하는 일이
영화라고 생각해요.

먼 훗날에 자신의 인생을 돌아보며 한 줄 평을 남긴다면, 뭐라고
쓸 것 같은가요?

아이고… 한 줄 평이라. '재능 넘치는 선량한 사람들에게
둘러싸인 축복받은 삶이었다'라고 할 것 같아요. 그게
제 인생의 한 줄 평으로 좋겠네요. 어쩌다 보니 정말
훌륭하고 재능 넘치는 사람들에게 둘러싸여 일하는 복을
얻었거든요. 제 인생을 돌아본다면 이렇게 말하겠어요.

이성진은 1981년에 태어났다. 초등학교 시절 가족 모두가 미국으로 이민했고, 일리노이, 루이지애나, 미네소타, 텍사스 등 미국 내 여러 지역을 옮겨 다니며 학창 시절을 보내다 펜실베니아 대학교에 입학해 경제학을 전공했다.

—

졸업 후 TV 비평을 주로 올리던 개인 블로그가 유명세를 타면서 방송 작가 제의를 받았고, 2008년 미국 장수 시트콤 ‹필라델피아는 언제나 맑음(It's Always Sunny in Philadelphia)›의 각본으로 데뷔하게 된다. 이후 드라마 ‹투 브로크 걸스(2 Broke Girls)›, ‹아웃소스드(Outsourced)›, ‹실리콘밸리(Silicon Valley)›, 애니메이션 ‹투카 앤 버티(Tuca & Bertie)› 등의 연출과 각본을 담당하며 경력을 쌓았다.

—

2023년 4월 넷플릭스를 통해 공개한 오리지널 시리즈 ‹성난 사람들›은 그의 개인적 경험으로부터 비롯된 작품으로 쇼러너 역할을 맡아 기획과 제작, 대본 집필, 연출을 모두 총괄했다. 제 81회 골든글로브 시상식에서 3관왕을 차지했고, 제75회 에미상 시상식에서 8관왕을 거두며 시리즈물로 누릴 수 있는 최고의 성취를 거머쥤다.

—

‹성난 사람들›에서 호흡을 맞춘 파트너 제이크 슈라이어 감독이 연출하는 마블의 영화 ‹썬더볼츠*(Thunderbolts*)›의 각본 작업에 참여했으며 2025년 개봉을 앞두고 있다. 동시에 애초 선집 (anthology) 포맷으로 구상한 ‹성난 사람들›의 두 번째 시즌도 준비 중이다.

—

Instagram @beherelater

이성진
Sungjin Lee

"

항상 일을 어렵게 만드는 사람이 한두 명 정도는
있잖아요. 하지만 아무리 어려운 사람이어도 그들을
포용하고 도울 수 있는 방법을 찾고자 노력하는 것이
중요한 것 같아요. 그래서 섭외는 정말 중요해요.
대다수의 사람들이 정말 훌륭하고 함께 일하기 재미있는
사람들이라면, 한두 명 정도 안 맞는 사람이 있어도
균형이 맞게 됩니다. 반대로 팀에서 함께하기 어려운
사람들이 절반 정도 된다면 작업이 매우 힘들어지겠죠.
⟨성난 사람들⟩은 99퍼센트가 매우 좋았던 것 같아요.

"

영화감독으로 살아남을 확률이 말해주는 것
김도훈 영화평론가

사실 나에게는 문제가 하나 있다. 내가 영화평론가라는 것이다. 지금 당장 충무로로 달려가 아무 감독이나 붙잡고 "세상에서 제일 싫은 직업군이 무엇입니까"라고 물어보시라. 대부분은 아무런 망설임 없이 "영화평론가요"라는 답변을 내놓을 것이다. 영화감독은 영화평론가를 싫어한다. 대체로 싫어한다. 영화감독에게 영화평론가는 골치 아픈 존재다. 최선을 다해 몇 년의 생애를 한 편의 영화를 만드는 데 투여했는데 시사회가 끝나는 순간 영화평론가라는 못된 존재들은 부끄러운 줄도 모르고 별점 따위를 매기며 소셜미디어에 이렇게 한 줄 평을 쓰고야 만다. "한국영화가 해서는 안 될 모든 것". 맞다. 사실 여기 언급한 한 줄 평은 내가 쓴 것이다. 어떤 영화에 대한 글인지는 말하지 않겠다. 확실히 영화평론가란 남이 공들인 창작물을 거리낌 없이 난도질하는 데 재능을 가진 정말이지 쓸모없는 직업이다. 그래서 《잡스》 시리즈가 영화평론가 편이 아니라 영화감독 편을 만드는 것이다. 영화평론가 편은 영원히 나오지 않을 것이다.

그럼에도 나는 이 글을 쓸 수밖에 없다. 이것 역시 이유는 간단하다. 영화평론가라는 직업은 영화감독 없이는 존재할 수 없다. 더 큰 이유도 있다. 대체 누가 말했는지 정확하게 밝혀지지 않은 채로 영화평론가들 사이에서만 떠도는 문장이 하나 있다. 모든 영화평론가는 실패한 영화감독이라는 말이다. 나는 처음 이 말을 들었을 때 껄껄껄 웃었다. 이처럼 명확하게 영화평론가라는 직업을 설명한 문장은 없었기 때문이다. 확실히 그러하다. 모든 영화평론가는 마치 자신이 상상 속의 영화감독인 양 영화를 평론한다. 내가 찍었다면 다른 배우를 썼을 것이다. 내가 찍었다면 컷을 그렇게 나누지 않았을 것이다. 내가 찍었다면 프로덕션디자인[1]을 그렇게 하지 않았을 것이다. 내가 찍었다면 음악을 그토록 과용하지 않았을 것이다. 내가 찍었더라면 내가 찍었더라면 내가 찍었더라면.

웃기고 있네. 영화평론가인 나는 영화를 찍지 않았다. 찍을 수 없다. 앞으로도 찍지 않을 것이다. 물론 영화평론가 출신

1   색채, 소품, 세트, 의상, 로케이션 등 영화의 모든 외양과 시각 요소를 디자인하는 일. 크게 시나리오 분석, 자료 조사, 미술 제작으로 과정이 나뉜다.

으로 감독이 된 사람들도 있다. 1950년대 누벨바그 (nouvelle vague)² 시절의 장뤼크 고다르(Jean-Luc Godard)³와 프랑수아 트뤼포는 평론을 하다 감독이 되었다. 그리고 영화 역사를 바꾸어놓았다. 희귀한 사례. 나는 고다르도 아니고 트뤼포도 아니다. 이렇게 글을 쓰다 보니 내가 영화평론가라는 사실은 이 글을 쓰는 데 큰 결점이 아니라는 걸 점점 깨닫고 있다. 영화평론가는 실패한 영화감독이므로 언제나 영화감독이라는 사람들을 선망한다. 맹렬히 선망한다. 맹렬히 선망하기 때문에 맹렬히 질투하기도 한다.

나는 20여 년을 영화기자와 영화평론가로 살아오면서 많은 영화감독을 만났다. 어떤 사람들과는 친구가 되었다. 자, 아마도 당신은 그들에 대한 나의 선망이 단순한 부러움이라고 생각할 수도 있을 것이다. 할 수 없는 것을 하는 사람들이 부러우니까 선망하는 것이라고 말이다. 아니다. 틀렸다. 물론 20년 전의 내가 이 글을 썼더라면 단순히 감독이 되지 못한 존재의 질시로

2   '새로운 물결'이라는 뜻으로 1950년대 후반에 시작되어 1962년 절정에 이른 프랑스의 영화 운동을 말한다. 침체에 허덕이던 프랑스 영화계에 신선한 발상과 표현양식을 제시하며 영화의 질적 변화를 도모했다.

3   프랑스의 영화감독으로 1960년 ‹네 멋대로 해라›를 선보이며 누벨바그를 이끌었다. 영화 연출의 클리셰를 타파하고 급진적인 영상미학을 추구한 전위적 아티스트로 평가받는다.

만 넘쳤을 것이다. 뭘 모를 때는 질시하기도 질투하기도 쉽다. 뭘 알고 나면 그러기는 힘들다. 왜냐고? 영화감독이란 정말이지 깨질 듯이 위태로운 직업이기 때문이다. 영화감독은 직업이지만 직장이 없다. 아주 옛날에는 그렇지 않았다. 20세기 초반 할리우드나 20세기 중반 충무로에서 감독들은 직장인이었다. 그 시절 감독들은 특정 스튜디오와 장기계약을 하고 특정 스튜디오만을 위한 영화를 만들었다. 그걸 우리는 '스튜디오 시스템'이라고 부른다. 어쨌거나 영화감독은 꽤 안정적인 직업이었다. 스튜디오 시절이 끝난 뒤 영화감독은 모두 일종의 프리랜서가 되었다. 그렇다. 결국 모든 영화감독은 프리랜서다.

나도 직장을 15년쯤 다니다 프리랜서로 일한 지 5년 정도가 되었다. 꼬박꼬박 나오는 월급 없이 매달 일을 쟁취해서 따내야 하는 프리랜서가 되자마자 온갖 근심이 역습하기 시작했다. 직장에서라면 내 직업적 재능이 기울기 시작하더라도 안전망이 있다. 노동법은 어떻게든 나의 하찮은 미래를 조금이나마 연장해줄 것이다. 프리랜서에게는 그런 것이 없다. 그래서 나는 이번 달도 지나치게 많은 지역 가입자 건강보험료를 내며 다음 달에 원고료가 얼마나 들어올지를 계산하고 있는 것이다. 괜찮다. 나의 처지는 영화감독이라는 프리랜서들에 비하면 큰 고민은 아니다. 20년을 영화계 언저리에서 보내면서 확실하게 깨달은 것이 있다면 영화감독만큼 리스크를 크게 짊어진 프리랜서는 없다는 사실이다. 영화주간지 《씨네21》⁴에서 일하면서 나는 정말이지 많은 영화감독을 인터뷰했다. 특히 많은 신인 감독을 인터뷰했다. 그 많은 사람 중 여전히 충무로에 남아 있는 사람은? 여러분은 지금 머릿속으로 '십분의 일 정도?'라고 생각하고 있을 것이다. 틀렸다. 백분의 일이다. 혹은 천분의 일일지도 모르겠다.

자, 그러니 나는 살아남은 자에 대한 이야기를 해야 한다. 어떤 감독들이 20년의 세월을 버티며 살아남았는가. 대체 그들에게는 어떤 자질이 있었던 것인가. 혹은 어떤 기술이 있었던 것인가. 답은 간단하다. 영화를 잘 만드는 사람들이 살아남았다. 사실 이건 어떤 직업에나 통하는 답변이므로 이 글을 읽는 당신이 딱히 배울 만한 지점은 없다. 잘하면 살아남는다. 당연한 소리다. 이를테면 박찬욱을 생각해보시라. 그는 영화를 정말이지 압도적으로 잘 만든다. 잘될 수밖에 없다. 그러나 박찬욱이 언제나 영화를 압도적으로 잘 만들었나? 그는 압도적인 실패에서 시작한 감독이다. 1990년대 영화광이었던 나는 박찬욱 감독의 데뷔작 〈달은 해가 꾸는 꿈〉(1992)⁵과 두 번째 영화 〈삼

4   1995년에 한겨레신문사가 창간한 대한민국의 영화 전문 잡지. 국내 유일의 영화 주간지로서 막강한 영향력을 가지고 있다.

5   박찬욱 감독의 데뷔작. 당시 인기 가수 이승철이 주연으로 출연해 화제를 모았지만 흥행에는 실패했다.

인조〉(1997)[6]를 모두 극장에서 봤다. 그걸로 끝이라고 확신했다. 두 영화는 영화광 출신이 만든 영화가 갖는 자기 풍자적인 재미가 있긴 했다. 하지만 이 양반이 2000년대 이후 한국영화의 경향을 송두리째 바꿔놓은 걸작들을 줄줄이 내어놓는 명장이 되리라고는 상상조차 할 수 없었다. 만약 어떤 영화평론가가 "저는 〈달은 해가 꾸는 꿈〉을 보고 지금의 박찬욱을 예상했습니다"라고 한다면, 거짓말이다. 지독한 거짓말이다.

가만 생각해보니 이 글을 읽는 독자 중에서는 박찬욱 감독의 데뷔작을 〈공동경비구역 JSA〉(2000)[7]로 알고 있는 사람도 있을 것이다. 아마 많은 사람이 그렇게 생각했을지 모른다. 박찬욱 감독조차 "〈공동경비구역 JSA〉를 데뷔작으로 알고 있는 분들은 계속 그렇게 알았으면 좋겠다"라고 말한 적이 있을 정도니. 그렇다면 두 편의 엄청난 실패작을 내놓고도 어떻게 박찬욱 감독은 새로운 기회를 잡을 수 있었던 걸까. 그는 연이은 비평적·흥행적 실패로 도무지 기회를 잡을 수 없는 상황이 되었음에도 계속 영화를 찍었다. 1999년 〈심판〉이라는 단편영화를

6   강도 행각으로 대체 가족을 이루려 하지만 실패하는 3인조를 다룬다. 사회풍자 성격이 두드러진 로드무비를 표방하면서도 웃음과 슬픔, 현실 비판이 접목된 독특한 코미디 형식을 취하는 작품이다.

7   박찬욱 감독의 세 번째 장편영화. 박상연 작가의 소설 «DMZ»를 원작으로 남북 초소 군인들 사이에 벌어진 비극을 다룬다.

만들었다. 영화를 인상 깊게 본 당대의 제작사 명필름[8]은 오랫동안 준비하던 시나리오를 박찬욱에게 맡기는 모험을 걸기로 했다. 그러니 영화감독이 되려면 그저 재능만 있어서는 곤란하다. 그 재능을 알아봐주는 누군가가 있어야만 한다. 말했지만, 프리랜서는 끊임없이 자신의 재능을 증명해내야만 하는 것이다.

영화감독이라는 프리랜서의 문제점은 거기서 발생한다. 사실 박찬욱 감독은 드문 케이스다. 두 번째 기회, 아니 세 번째 기회를 얻는 감독은 거의 없다. 없다. 아예 없다고 말해도 좋을 것이다. 나는 오랫동안 준비한 데뷔작을 마지막으로 영원히 충무로를 떠난 감독들의 리스트를 지금 이 문단을 다 채울 정도로 읊을 수도 있다. 아직도 몇몇 인터뷰를 기억한다. 모든 신인 감독들은 거대한 꿈을 꾼다. 데뷔작을 발판으로 오랫동안 원하는 영화를 만들어 사랑받을 수 있을 거라는 꿈 말이다. 꿈은 대개 이루어지지 않는다. 내가 인터뷰했던, 데뷔작을 끝으로 사라진 감독들이 어디서 무엇을 하고 있는지 나는 모른다. 내가 영화잡지에서 일하던 2000년대는 특히 엉터리 코미디 영화의 전성기였다. 웰메이드 영화가 만들어지는 동안 많은 조

8   1995년 심재명 대표의 이름을 따서 지어진 대한민국의 영화제작사. 〈접속〉, 〈해피엔드〉, 〈공동경비구역 JSA〉 등 다수의 흥행작을 제작했다.

폭·섹스 코미디 영화들이 만들어졌다. 영화평론가인 나는 당연히 후자들을 현란한 글로 짓이기면서 쾌감을 느꼈다. 그런 영화를 만드는 감독이 명장으로 거듭나는 일은 없을 거라 확신했다.

명장이 나왔다. 윤제균[9]이다. 윤제균은 광고회사 'LG애드'에서 일하던 광고쟁이였다. 외환위기로 하도 시절이 수상하다 보니 그는 부업으로 시나리오 쓰는 일을 시작했다. 몇몇 시나리오가 공모전에서 당선되자 회사를 그만두고 영화를 찍기로 결심했다. 첫 영화가 바로 한국 조폭 코미디의 어떤 기원이 된 〈두사부일체〉(2001)[10]다. 첫 영화 성공 이후 그는 2000년대 내내 조폭·섹스 코미디 장르영화들을 만들었다. 〈색즉시공〉(2002), 〈낭만자객〉(2003), 〈1번가의 기적〉(2007)이 이어졌다. 나는 그 시절 윤제균 감독의 영화를 보면서 한탄했던 것으로 기억한다. 윤제균 스타일을 따라 한 지나치게 많은 코미디가 매년 개봉하기 시작하자 화가 났다. 그런데 어럽쇼, 아류작들이 쏟아지자

---

9   1969년생. 부산 출신의 영화감독. 광고대행사에서 커리어를 시작해 2001년 〈두사부일체〉로 데뷔했다. 대표작으로는 〈색즉시공〉, 〈해운대〉, 〈국제시장〉 등이 있다.

10   윤제균 감독이 직접 각본을 쓴 데뷔작. 기존의 조폭에 관한 고정관념에서 벗어나 불의를 보면 참지 못하는 주인공 캐릭터를 내세워 관객을 웃게 만들었다.

윤제균 영화의 장점이 보이기 시작했다. 분명 싸구려 코미디인데 윤제균 영화는 앞뒤가 맞아떨어졌다. 관객을 웃길 때는 확실하게 웃겼다. 울릴 때는 확실하게 울렸다. 아류와는 달랐다는 이야기다. 솔직히 〈영웅〉(2022)을 보면서는 '이렇게까지 울리려고 작정하는 걸 언제까지 참아내야 하냐'고 생각하면서도 몇몇 장면에서는 콧물을 흘리며 울었다. 윤제균 감독은 자신이 하고자 하는 것을 놀랄 정도로 잘 해낸다. 그의 목적은 분명하다. 광범위한 대중의 감정을 확실하게 건드릴 수 있는 영화를 창조하는 것이다. 그는 그 영역에서 불멸의 명장이 되었다.

자, 여기에 영화감독이라는 프리랜서의 골치 아픈 양면성이 있다. 영화는 예술이다. 음악, 미술과 같은 예술이다. 문제는 지나치게 돈이 많이 드는 예술이라는 것이다. 초저예산 독립영화 한 편을 만드는 데도 수억 원의 예산이 필요하다. 만약 당신이 뮤지션이라면 유튜브나 사운드 클라우드에 올린 자작곡 하나가 갑자기 인기를 얻어서 거대 레이블과 계약한 뒤 스타가 될 수도 있다. 빌리 아일리시(Billie Eilish)[11]가 바로 그런 케이스다. 한국의 많은 방구석 뮤지션이 오늘도 그 많은 자작곡을

11 　　　 미국의 싱어송라이터. 열세 살에 오빠이자 작곡가인 피니어스 오코넬과 함께 작업한 곡들이 인기를 얻어 일약 스타덤에 올랐다. 침실에 음향 장비를 갖추고 녹음하는 방식과 흥얼거리는 창법 등으로, 일명 '베드룸 팝' 아티스트로 분류된다.

유튜브에 올리며 '좋아요'와 구독자 수에 기대를 걸고 있는 이유다. 영화감독은 그럴 수가 없다. 단편 하나를 만들기 위해서도 당신은 어느 정도 경험을 쌓은 뒤 투자를 받아 많은 숫자의 스태프를 꾸린 다음 몇 달에 걸쳐 촬영을 마친 뒤 후반작업을 해서 한국에 존재하는 몇몇 단편영화제에 출품해 소수의 관객과 영화 관계자가 발견해주기를 기다려야 한다. 어느 날 뚝딱 천재적인 재능으로 만들어지는 영화라는 건 세상에 존재하지 않는다. 골방의 성격 뒤틀린 천재는 좋은 뮤지션이나 좋은 미술가가 될 수는 있을지언정 좋은 영화감독이 될 수 없다. 영화는 지나치게 많은 돈과 많은 사람과 많은 단계가 요구되는 종합예술이다. 그 모든 것을 보상받기 위해서는 대중의 선택을 받아야만 한다. 당신은 박찬욱이 될 수도 있고 윤제균이 될 수도 있다. 두 감독은 전혀 다른 영역을 파고들지만 각자의 관객이 분명한 사람들이다. 각자 '계속해서 돈을 지불하고 영화를 보아주는 관객'이 분명히 존재하는 사람들이다.

그렇다. 영화감독이라는 프리랜서는 정말이지 골치 아픈 직업이다. 영화라는 매체가 극장이라는 물리적 경계를 넘어서 OTT의 세계로 확장되고 진화하는 지금도 영화감독이라는 직업의 본질은 변하지 않는다. 당신은 예민한 예술가인 동시에 유려한 지휘자가 되어야 한다. 섬세한 이야기꾼인 동시에 융통성 있는 CEO가 되어야 한다. 내가 실패한 영화감독인 이유도 바로 이 때문이다. 나는 혼자 일하는 것이 너무나도 성격에 딱 맞아떨어지기 때문에 프리랜서를 선택한 영화평론가 나부랭이다. 나는 영화잡지에서 일하면서 영화 촬영 현장을 수도 없이 방문했다. 현장에 갈 때마다 수백 명에게 둘러싸인 외로운 영화감독들을 보았다. 그들은 한없이 외로운 존재다. 그러나 외로울 틈은 몇 초 정도만 주어진다. "컷!"을 외치는 순간 모두가 그의 눈만 맹렬하게 바라본다. 영화라는 거대한 기계장치가 굴러가기 위한, 엄청난 압박과 타고난 재능의 중간 지점에서 내놓아야 하는 선택의 순간이다. 나는 그 현장에서 깨달았다. 나는 영원히 영화감독이 될 수 없을 것이다. 나는 영원히 실패한 영화감독으로서 남들이 만든 영화를 보며 '내가 만들었다면'이라는 괘씸한 상상이나 하면서 살아가게 될 것이다. 그래서 나는 지금 이 장황한 글을 쓰고 있는 것이다.

이 글을 읽는 당신이 영화감독을 꿈꾸고 있다면, 어쩌면 이 글은 재능 있는 당신을 무릎 꿇릴 용도로 쓴 글처럼 읽힐지도 모르겠다. 아니다. 그렇지 않다. 영화감독에게는 수많은 자질이 필요하지만 결국 모든 것은 당신이라는 개인에서 출발하는 것이다. 봉준호 감독이 오스카를 받으며 언급한 마틴 스코세이지의 말을 떠올려보시라. "가장 개인적인 것이 가장 창의적인 것이다(The most personal is the most creative)" 70여 년 동안 끊임없이 영화를 만들어온 드문 프리랜서가 25년 동안 끊임없이 영화를 만들어온 드문 프리랜서에게 준 교훈이다. 결국 모든 것은 당신이라는 개인에서 출발하는 것이다. 그 길 위에서 당신은 동료를 만나고 귀인을 만날 것이다. 때로는 나처럼 쓸모없는 영화평론가도 만날 것이다. 나는 이 글을 읽고 있는 당신이 만들어낼 영화에 부끄러움 없이 별점을 주는 날을 간절히 기다릴 생각이다.

김도훈은 1976년 마산에서 태어나서 자랐고 부산으로 건너가
학창 시절을 보냈다. 1994년, 행정학과에 입학하면서 대학 생활을
시작했으나 전공수업보다는 영화 동아리 활동에 전념했다.
수업이 끝나기가 무섭게 존 카펜터(John Carpenter), 데이비드
크로넌버그(David Cronenberg) 등의 영화 비디오테이프를
들고 매일 동아리방으로 향했다. 제대 후에는 캐나다 밴쿠버로
어학연수를 떠났으나 그곳에서도 학원이 끝나면 어김없이
극장으로 갔다. 대학 졸업 후에는 2년 정도 영국에서 일을 하다가
한국으로 돌아와 영화잡지 《씨네21》에 지원해 취재기자로
입사했다.

—

《씨네21》 입사와 함께 서울에 터를 잡고 살기 시작했으며, 이후
남성 패션지 《GEEK》의 피처 디렉터를 거쳐 온라인 미디어
'허핑턴포스트코리아'의 편집장으로 일했다. 현재는 프리랜서
작가로서 사람, 영화, 도시, 옷, 물건 등 전방위적 글감을 재료
삼아 정제된 문장에 담아내고 있다. 동시에 유튜브 영화 채널
'무비건조'에 출연 중이다. 저서로는 에세이 《낯선 사람》, 《우리
이제 낭만을 이야기합시다》, 《영화평도 리콜이 되나요》가 있다.

—

Instagram @closer21

김지운은 ‹장화, 홍련›, ‹좋은 놈, 나쁜 놈, 이상한 놈›, ‹달콤한
으로 활동해왔다. 한국 현대 영화사의 전성기를 이끈 그는 코
이며 국내뿐만 아니라 해외 평단의 인정을 받고 있다. 그는 김
서 자신만의 영화가 탄생한다고 말한다.

등을 통해 자신만의 스타일을 구축하며 25년 넘게 영화감독

호러, 스릴러 등 장르에 구애받지 않고 유려한 미장센을 선보

란 미학적 비전을 그리는 사람이라고 정의하며, 남다른 시각에

한계를 뛰어넘을 때 영화는 이뤄집니다

서울 용산구 한남동 비미디어컴퍼니 회의실,
2023년 12월 19일 오전 10시

감독이 되기로 결심한 곳에서 감독으로 인정받다

2023년에는 〈거미집〉[1] 개봉과 함께 많은 활동을 했습니다. 오랜만에 칸 영화제(Cannes Film Festival)[2] 에도 다녀왔죠.

칸에 초청된 게 15년 만이어서 조금 놀랐어요. 처음 칸에 방문한 게 〈달콤한 인생〉[3]을 만든 때였고, 그다음 작품인 〈좋은 놈, 나쁜 놈, 이상한 놈(이하 놈놈놈)〉[4]으로도

1   김지운 감독의 10번째 장편영화. 촬영이 끝난 영화의 결말을 다시 찍고자 하는 주인공 '김열' 감독이 1970년대 검열 당국의 방해와 비협조적인 배우, 제작자 사이에서 재촬영을 감행하며 벌어지는 일을 그렸다.

2   1946년 시작되어 매년 5월 프랑스 남부 칸에서 열리는 국제영화제. 베를린 영화제, 베니스 영화제와 함께 세계 3대 영화제로 꼽힌다.

3   2005에 발표한 김지운 감독의 누아르 영화. 범죄 조직 보스의 연인 희수를 감시하는 임무를 맡은 선우가 한순간의 선택으로 인생이 나락으로 떨어지자 복수극을 벌이는 내용이다.

4   2008년에 개봉한 김지운 감독의 영화. 세르지오 레오네의 〈석양의 무법자〉를 오마주한 작품이다. 1930년대 만주를 배경으로 보물 지도를 둘러싼 세 남자의 활극을 그렸다.

다녀왔거든요. 당시에는 '앞으로도 칸에 자주 오겠구나'
막연히 생각했는데, 시기가 엇갈린 적도 한두 번 있었고
사실 그동안 칸에 초청될 만큼 준수한 작품을 만든 게
아니어서 오랜만에 가게 된 거죠. (웃음) 하지만 영화제에
출품하려고 영화를 하는 건 아니니까요. 영화제가 작품을
널리 알리고, 해외 평단에 소개하는 중요한 역할도
하지만 대부분의 감독은 그저 각자의 동기로 만들고 싶은
영화를 만들잖아요. 그래서 평소 칸에 대해 특별하게
생각하지 않았는데 오랜만에 방문하니 재미있기도 했고
소회가 남달랐던 것 같아요.

지난 1년 동안의 경험 중 가장 인상적인 순간이 있었다면요?

프랑스 파리의 시네마테크 프랑세즈(La Cinémathèque
française)[5]에서 회고전을 개최해서 다녀왔는데요. 첫날
무대에 올라가서 인사를 하는데 서프라이즈로 명예
지정석을 수여해줬어요. 사전에 아무 이야기가 없어서
그냥 회고전만 하는 줄
알았고, 그것만으로도 충분히
감격스러운 일이었는데
깜짝 이벤트를 해준 거죠.
'시네마테크 오너'라고
새겨져 있는 명판도 받고,

5   프랑스 파리 12구에
자리한 영화 중심 복합 문화
시설. 영화 산업을 육성하고 관련
자료들을 체계적으로 보존하고자
만들어졌다. 전 세계에서 가장
큰 규모의 영화 자료 보관소로
전시회장, 박물관, 도서관 등의
시설을 갖추고 있다.

빔 벤더스(Wim Wenders)⁶ 옆이 제 자리라고 하더군요.
(웃음) 그렇게 즐거운 시간을 보내고 숙소로 돌아왔는데,
곰곰이 생각해보니 오늘이 내 영화 인생에서 가장 의미
있고 축복받은 날이 아닌가 싶었어요.

왜 그런 생각을 했나요?

시네마테크 프랑세즈는 제가 영화감독이 되어야겠다고
결심한 곳이거든요. 20대 내내 갈피를 못 잡고 한동안
방황했어요. 어렸을 때부터 영화를 좋아했는데 대학에서
영화를 전공한 것도 아니고, 유학을 다녀오지도
않았고, 현장에 있었던 것도 아니니까 영화를 어떻게
시작해야겠는지 모르겠더군요. 그전에 영화를 하는
게 과연 맞을까 고민하기도 했고, 심지어 감독이 되고
싶은지 작가가 되고 싶은지, 아트 디렉터나 미술감독,
촬영감독 중 무엇이 나의 길인지 헷갈렸죠.

당연히 처음부터 영화감독을 꿈꿨을
줄 알았어요.

한때 촬영장에서
제일 멋있는 사람은
촬영감독이고, 두 번째는

6   독일의 영화감독.
1984년 유럽과 미국의
본질을 중층적으로 드러낸
⟨파리, 텍사스⟩로 칸 영화제에서
황금종려상을 받았다. ⟨베를린
천사의 시⟩, ⟨부에나 비스타 소셜
클럽⟩, ⟨퍼펙트 데이즈⟩ 등의
작품을 만들었다.

조명감독이라고 여겼거든요. 촬영감독은 카메라를 다루니까 아무래도 현장에서 제일 눈에 들어오잖아요. 조명감독은 아무것도 안 하는 것 같은데 가만히 있다가 "저기 빛 좀 더 줘" 이런 말을 하면서, 저는 아무리 봐도 모르겠는 무언가를 보면서 지시를 하니까 정말 전문가 같고 멋져 보였죠. 근데 영화감독은 계속 스트레스를 받으며 고뇌하거나, 화만 내고 그러니 '저 사람은 왜 저렇게 감정적일까?', '영화감독이란 원래 그런가 보다' 싶었어요. (웃음) 결론은 영화를 좋아해 무엇이든 영화를 위한 일을 하고 싶었고, 친구들에게 세상에서 영화를 가장 많이 볼 수 있는 곳이 어디냐고 물으니 베를린, 뉴욕, 파리 등의 도시를 알려주더군요. 뉴욕은 물가가 비쌌고, 베를린과 파리는 같은 유럽인데 제가 프랑스 영화를 좋아하니 무작정 파리로 향했죠.

당시 파리에서 어떤 경험을 했나요?

1991년 4월이었는데 마침 «카이에 뒤 시네마(Cahiers du Cinéma)»[7]의 40주년이어서 시네마테크 프랑세즈에서 세계 영화사를 총정리하는 특별전을 했어요.

7   1951년에 창간한 프랑스의 영화비평지. 이 잡지에 비평가로 기고하던 프랑수아 트뤼포, 장뤼크 고다르, 에릭 로메르 등은 세계 영화사에 중요한 감독으로 자리매김했다.

무성영화부터 레오 카락스(Leos Carax)[8], 코엔 형제
등 당시 가장 힙하게 떠오르던 새로운 감독의 작품까지
다양한 영화들을 볼 수 있었죠. 수많은 걸작과 천재들을
보면서 영화가 정말 대단한 것이구나 싶었어요. 어떻게
사람의 기분과 감정을 이렇게 바꿔놓을 수 있을까
놀라웠어요. 심지어 어떤 영화는 영혼을 바꿔놓는 것
같더군요. 영화의 엄청난 영향력을 실감했죠. 그렇게
시네마테크 프랑세즈에서 여러 뛰어난 작품을 보며
영화감독이 되어야겠다고 결심했고, 이곳에서 내 작품을
한 편이라도 상영할 수 있으면 좋겠다고 생각했어요.
그냥 불가능한 꿈을 꿨던 거죠. 그런 장소에서 회고전을
열었으니, 작품으로 어떤 상을 받는 것도 기쁜 일이지만
그보다 훨씬 인상적이었고, 제 영화 인생에 대한
헌사처럼 느껴졌어요.

궁극적으로 파리에서 체류했던 시간이 남긴 가장 큰 영향은
무엇이라고 생각하나요?

한국 사회에서는 자극받거나, 발현되지 못했던 부분이
파리를 비롯한 유럽을
여행하면서 열리게 된 것
같아요. 지금도 그런 성향이
있지만 파리에 가기 전까지

> 8   프랑스의 영화감독.
> 22세의 나이에 〈소년, 소녀를
> 만나다〉를 발표하며 주목받았다.
> 대표작으로는 〈나쁜 피〉, 〈퐁네프의
> 연인들〉 등이 있다.

저는 감정을 드러내지 못하는 건조한 사람이었거든요. 파리에서 유럽 특유의 낭만성을 접하면서 자유롭게 표현하고 감정을 드러내야 행복할 수 있다는 걸 알게 되었어요. 저 자신이 이런 문화와 감성을 좋아한다는 걸 깨달았고, 내 안에 있는 것을 감추지 말자고 생각했죠.

15도 빗겨나간 각도에서 나만의 시선이 만들어진다

영화감독으로서 감수성을 지니게 된 데에는 유년 시절 집안 분위기도 큰 몫을 한 걸로 알고 있어요.

저라는 사람을 만드는 데 중요했던 시기가 크게 세 번 정도 있었던 것 같아요. 어렸을 때와 청년 시절, 그리고 유럽에서의 시간들이라고 말할 수 있는데요. 6남매 중 막내로 태어나 평범하고 다복한 가정에서 성장했어요. 아버지는 그림을 잘 그리시고, 어머니도 가수 못지 않게 노래 실력이 뛰어나셨어요. 가족 모두가 예체능에 특화되었던 것 같아요. 이런 집안의 유전과 환경에 많은 영향을 받았죠.

가족 중 가장 많은 영향을 줬던 사람이 있다면요?

영화광이셨던 아버지와 함께 AFKN[9]에서 나오던 미국의
고전 클래식 영화를 많이 봤어요. 식구들이 모두 잠든
늦은 밤에 아버지와 저만 잠들지 않고 영화를 본 거죠.
금요일에는 특히 공포영화를 많이 방송했는데, 한참
영화를 보고 있으면 아버지가 그 옆에서 작품과 관련한
정보를 줄줄 알려주셨어요. 워낙 책을 많이 읽으셨고,
책을 통해 많은 지식을 습득한 분이셨거든요. 셜리 템플
(Shirley Temple)[10]이
UN 명예 대사였다든가,
리처드 위드마크
(Richard Widmark)[11]는
성격파 배우에 악역을
많이 맡았는데 명문대
출신의 인텔리전트한
인물이었다든지 같은
영화계의 비하인드를
초등학교도 들어가기 전인
아들에게 들려주신 거예요.

그런 기억들이 지금까지도 인상
깊게 남아 있나요?

9   'American Forces
Network Korea'의 약자로 주한
미군의 방송을 뜻한다. 미국의
다양한 문화를 접할 수 있어 한국
방송계와 대중문화에 영향을
미쳤다. 2001년 명칭을 AFN
Korea로 바꾸었다.

10   1928년생으로
1930년대 할리우드에서 가장
유명했던 아역 스타. 21세에
연예계를 은퇴하고 정계에 입문해
외교관으로 활약했다.

11   미국의 영화배우.
정신 이상적인 악한과 서부극의
강인한 캐릭터를 자주 연기했다.
대표작으로는 ‹황색 하늘›, ‹죽음의
키스›, ‹오리엔트 특급 살인 사건›
등이 있다.

그렇죠. 아직 영어를 배우기도 전에 자막 없이 외화를 무차별적으로 많이 봤지만, 어른이 되어서 그 작품들을 다시 보니 당시에 이해한 게 크게 틀리지 않았더라고요. 그때 아마 배우들의 표현력을 통해 캐릭터의 관계나 감정을 그려내는 방법을 알게 된 것 같아요. 제가 공부를 열심히 한 것도 아니고, 영화를 많이 봤지만 또 시네필에 비하면 턱없이 적은 작품을 봤다고 생각하거든요. 그런데 어떻게 혼자서 영화를 배웠는지 돌이켜보면 아무래도 유년 시절의 그런 경험을 통해 미장센이나 영화적 표현의 많은 요소를 습득하지 않았나 싶어요.

어렸을 때 그림도 많이 그렸다고요.

아버지가 사법서사(지금의 법무사) 일을 하셨는데 그 사무실 앞에서 혼자 그림을 그리면서 놀았어요. 서너 살 된 아이가 그림을 곧잘 그리니까 오가는 동네 사람들이 신기해하며 칭찬해줬던 게 기억나요. 스토리가 있는 만화도 많이 그렸는데 아버지는 별로 좋아하지 않으셨죠. '환쟁이'로 살면 고달프다고 성을 내면서 제 그림을 찢어버리기도 하셨어요. 그러면 저는 울면서 찢어진 그림을 다시 이야기에 맞게 이어 붙였죠. 이런 경험이 감독으로서 스토리를 구성하거나 편집하는 감각을 키워준 건 아닐까 싶어요. (웃음)

박찬용, "김지운의 도구와 언어" 중
(《아레나(Arena)》, 2023.9.28)

감각이라는 것은 언뜻 주어진 정보가 많으면 다른
감각에 소홀하게 될 수도 있잖아요. 종합적으로 정보가
많으면 훨씬 더 잘 알 거라고 생각하지만 사실 또 다른
부분은 약화되기도 해요. 특히 영화는 텍스트보다
감독이 영상에 집중해서 모든 것을 영상으로 얘기하죠.
어렸을 때부터 화면 속 인물이 무슨 얘기를 하려고 하고
어떤 상황인가, 이런 것들을 알 수 있었어요. 집에 오는
사람들도 다양하니까 그분들 표정을 보면 저 사람이
어떤 상황이고, 감정 상태가 어떻다는 걸 일찍 눈치챘죠.
사람들이 진짜 하고 싶은 말과, 막상 입에서 나온 말이
다르다는 것도 깨달았고요. 말은 저렇게 하지만 저
사람이 하고 싶은 말은 뭘까? 이런 것들, 내뱉는 말의 그
이면을 많이 생각했어요.

또래 친구들과 남다른 구석이 많았겠어요.

풍류가이자 한량이셨던 아버지 때문에 제가 초등학교에 입학하자마자 어머니가 일을 다니셨는데, 방과 후에도 친구들과 놀기보다 집이 버스 종점이어서 어머니를 마중하러 정류장에 나가곤 했어요. 버스를 타고 내리는 다양한 사람들을 지켜보는 게 저만의 즐거움이었죠. 초등학교 1, 2학년 때 사람 구경이 제일 재미있다는 걸 안 거예요. 학창 시절 때 찍은 단체 사진을 보면 전부 구석에 있어요. 지금까지도 카페에 가면 중앙에는 앉지 않아요. 누군가의 시선에 제가 있는 걸 못 견뎌서 그래요. 제가 다른 사람을 봐야 하는 거죠. 서울예대에 다닐 때도 캠퍼스가 남산에 있어 치기 어린 마음에 군중 속의 고독을 느끼고 싶으면 명동에 가곤 했어요. 제일 백화점과 코스모스 백화점 근처에서 우두커니 사람들을 지켜봤죠. 즉 저라는 사람은 평생 보는 즐거움이 있어야 하는 거예요. 이런 성향도 영화 속 수많은 인물을 구성하고 캐릭터를 파악하는 데 도움이 된 것 같아요.

그런 천성이 자아를 형성하는 데는 어떤 영향을 미쳤을까요?

막내였고 책임질 게 없으니 워낙 자유분방하게 살았죠. 20대에는 비주류문화권 선배들이랑 친하게 지냈어요.

주로 자유로운 히피거나 저항적인 펑크 세대였는데, 그들을 통해서 아웃사이더의 오라(aura)나 시선을 갖추게 됐고, 내성적인 제 성격에도 잘 맞았어요. 주류문화에 얽매이지 않는 자유로운 정신이나 가치관이 너무 멋있고 근사했거든요. 자고 싶으면 자고, 일어나고 싶으면 일어나고, 밥 먹고 싶으면 밥 먹고, 나가고 싶으면 나가고, 틀에 얽매이지 않으려고 했죠. 이삼십대 예술가는 그래야 하는 건 줄 알았어요. (웃음) 권위적인 태도나 사고에서 빗어났으니 긍정적인 부분도 있었어요. 남들에게 어른 대접받으려 하지 않고, 이른바 '꼰대' 나이에 가까워질수록 그런 기질에 계속 저항한 거죠. 그 때문에 지금도 나이 차이 많이 나는 배우나 스태프들과 원만하게 지내요.

직업으로 감독이라는 일을 택한 것도 비슷한 맥락일까요?

감수성이 예민한 청년 시절에 아무래도 기성 시각과 다른 감성이나 발언을 지향하는 아웃사이더로서의 정체성이 영향을 줬겠죠. 삶의 어쩔 수 없는 부분이지만, 모두가 어떤 틀과 굴레 속에서 수레바퀴처럼 살아갈 때 삶의 반경을 15도쯤 틀어서 산다면, 남들은 경험하지 못하는 그 15도를 누리고 살 수 있겠다 싶었어요. 그런 걸 누리다 보면 또 대부분의 사람은 느끼지 못하는 다른 시각을 갖출 수 있겠다고 생각했고요. 다른 예술가도 그렇지만 특히 감독들은 무척 자유로워 보였거든요. 영화를 찍지 않을 때는 백수니까, 언제든 백수 생활로 다시 돌아갈 수 있겠다 싶었죠. (웃음) 결국 이런 비주류 감각, B급 감성, 그리고 아웃사이더로서의 자유로운 시선이 모아져 저라는 사람을 이루고, 영화를 만드는 데도 영향을 미쳤다고 생각해요. 첫 작품인 〈조용한 가족〉(1998)¹²만 봐도 '코믹 잔혹극'이라 불리며, 당시 인기가 많았던 주류 장르는 아니었으니까요. 어쩌면 그런 변종의 하이브리드 스토리를 장르로 표방한 것 자체가 최초였어요. 기존의 주류적인 틀에서였다면 시도하지 못했을 것 같아요.

12 　　　　김지운 감독의 데뷔작. 산장을 운영하게 된 여섯 명의 가족이 연이어 자살한 투숙객들의 시체 처리로 곤욕을 치르다 끝내 살인에까지 이르는 과정을 그린 블랙코미디 공포영화이다.

감독은 지금 이 순간 필요한 게 무엇인지 아는 사람이다

데뷔작인 〈조용한 가족〉은 시나리오 공모전에서 당선된 작품으로도 잘 알려져 있습니다. 그전에도 한 편의 시나리오가 당선되었고, 조연출과 현장 경험을 통해 데뷔하는 대부분의 감독과는 달리 이례적인 경로로 영화계에 입문한 것 같은데요.

영화평론가 주성철[13] 씨가 영화감독의 데뷔에 관한 책을 펴내면서 국내 여러 감독들에게 원고를 받은 적이 있어요. 저한테도 제안이 왔는데 완곡하게 거절했죠. 사람들이 제 이야기를 들으면 너무

[13] 전 《씨네21》 편집장. 이제는 없어진 영화 월간지 《키노》에서 경력을 시작해 영화 주간지 《필름2.0》을 거쳤으며, 《그 시절 우리가 사랑했던 장국영》, 《우리 시대 영화 장인》 등의 저자이기도 하다.

재수 없다고 생각할 것 같아서요. 지금 웃고 계시지만
들어보면 정말 재수 없다고 생각할 수도 있어요. (웃음)
20대 후반에서 30대 초에 만났던 여자친구가 있는데
첫사랑을 좀 늦게 겪은 편이었어요. 스스로 성격이
쿨하다고 생각해 헤어져도 큰 탈이 없을 줄 알았는데
한참 나중에 후폭풍이 온 거예요. 비가 엄청 많이 내리던
날, 운전을 하면서 사직터널을 지나가고 있었는데
평소처럼 여자친구가 있는 줄 알고 옆으로 손을 뻗었죠.
항상 가까이 있던 사람이 없으니까 그제야 여자친구의
부재가 실감이 나더라구요. '아, 이게 바로 헤어지는
거구나' 하고 생각이 깊어지던 와중에 앞에 있던 차를
피하려다 빗길에 미끄러졌어요. 그렇게 사고가 나서
수리비가 몇백만 원이나 나왔죠. 당시 가진 거라고는 차
한 대 밖에 없어서 일단은 친구한테 돈을 빌려서 고치고,
이제 돈을 갚아야 하는데 어떻게 돈을 벌 수 있을까
고민되더군요. 영화를
좋아하니 《프리미어》[14]에서
개최하는 시나리오
공모전을 보고 응모하게
되었어요. 태어나서
처음 써본 시나리오가
당선되었고 그게 바로 '좋은
시절'[15]이라는 작품이에요.

14   1976년 프랑스에서
시작해 미국 뉴욕에 본사를 둔 영화
잡지. 한국에서는 한국일보사가
라이선스 매거진으로 발행하다가
2009년 폐간했다.

15   김지운 감독의 첫
시나리오. 1980년대 신군부가
정권을 찬탈하는 과정을 고등학교
폭력 서클 간의 암투로 은유했다.

그전까지는 시나리오를 써본 적이 없었나요?

그나마 절절하게 썼던 글이 군대에서 친구나 가족에게
보내는 편지 정도였어요. 제 성격에 군대는 너무
갑갑하고 괴로운 곳이었거든요. (웃음) 평소에 글을
자주 썼던 것도 아니고 하다 못해 일기를 꾸준히 쓰는
편도 아니었죠. 공모전에 당선되려면 습작 기간도
있어야 하고, 시나리오 쓰는 법도 알아야 하잖아요. 몇
번씩 낙방하기도 하고 그게 정상인데 대체 이게 뭘까
싶었어요. 마침 《씨네21》도 공모전을 개최하길래 또
도전하게 되었죠. 제출 기한이 일주일밖에 남지 않았지만
5일 만에 〈조용한 가족〉을 썼어요.

두 번째로 쓴 시나리오로 데뷔한 셈이네요.

사실 이 공모전에서는
탈락할 줄 알았어요. 당시
친한 친구였던 이미연[16]
감독이 〈초록물고기〉[17]
연출부에서 일하고
있었는데, 그 친구에게
시나리오를 한 번 봐줄
수 있겠냐고 부탁했어요.

16   1963년생. 한국의
영화감독. 김지운 감독의
〈조용한 가족〉 제작을 맡았으며,
〈반칙왕〉에는 프로듀서로
참여했다.

17   이창동 감독의 데뷔작.
주인공 막동이 막 군대에서
제대하고 고향 가는 기차에서
미애를 만나면서 벌어지는
이야기를 그렸다.

무거운 노트북을 들고 만나러 갔더니, 요즘에는 '디스크'라는 게 있다면서 시나리오 수십 권을 넣을 수 있다고 하더군요. 신세계였어요. (웃음) 그래서 제 시나리오도 디스크에 넣어달라고 했는데 바이러스 때문에 반이 날아간 거예요. 마감까지 이틀밖에 남지 않았는데 사색이 되어 집으로 돌아와 기억을 더듬어 다시 시나리오를 썼어요. 결국 제출 마감 시간에 집에서 출발했던 것 같아요. 나가면서 《씨네21》에 전화해 지금 가고 있으니 잠시 기다려달라고 했죠. 1시간 정도 늦었으니 큰 죄를 지은 것처럼 굽신굽신하면서 시나리오를 제출했는데, 당시 담당 기자가 현재 부산국제영화제 남동철[18] 수석 프로그래머였거든요. 아무렇지 않게 저기 올려놓고 가라는 거예요. 제출을 하긴 했으니 마음을 쓸어내렸지만, 그래도 불안한 생각이 들었어요. 이번에는 안되겠구나 체념했는데, 운이 좋게 젊고 유능한 제작사였던 명필름의 눈에 띄어 데뷔할 수 있었죠.

〈조용한 가족〉을 만들 당시 현장 경험이 거의 없었던 걸로 알아요. 두렵지는 않았나요?

광고 회사에서
아르바이트를 하고 영화

18 《씨네21》 편집장을 역임했으며 부산국제영화제 수석 프로그래머로 활동하고 있다.

현장에서 몇 달 일한 게 전부였지만, 그때 생각했던 건 기술적인 부분은 그것을 담당하는 전문가가 있다는 거예요. 렌즈나 조명에 대해 전문가처럼 알지 못해도, 훨씬 고도의 지식을 지닌 사람들이 현장에 있을 테니까요. 감독이 미학적 비전과 판타지를 갖고 있으면 나머지는 전문가들이 해결할 수 있다는 지극히 합리적인 생각만 갖고 촬영을 시작한 거죠. **경험이 없지만 여기도 하나의 사회니까 평소 사람들을 대하듯이 상식적으로 임하면 되겠다고 생각했고요.** 즉 어렵게 접근하지 않았어요. 배우나 스태프들은 기술이나 영화판이 어떻게 돌아가는지 모른다고 답답해하는 게 아니에요. 이 감독의 생각을 모를 때 답답한 거죠. 저는 제 생각이 명확했고 콘티와 스토리보드도 직접 다 그렸어요. 하지만 그렇게 준비해도 모두 해결되는 것은 아니어서 어떤 고민에 부딪히거나 모르는 부분이 있으면 모른다고 말하고, 어떻게 해결할 수 있을지 전문가들에게 도움을 청했어요. 한마디로 내가 알아야 하는 것은 정확히 알고, 모르는 것도 확실히 모른다고 이야기하면서 영화를 만든 거죠.

방금 말한 감독으로서 알아야 하는 것은 과연 무엇일까요?

지금 이 현장에서 필요한 게 무엇인지 파악하는 거라고 생각해요. 사실 감독은 할 일이 너무 많아요. 그중에서 중요한 건 지금 우리 현장에서 자신이 해야 할 일이 무엇인지 아는 거예요. 아름답게, 멋지게 혹은 재미있게 찍어야 한다는 다양한 목표가 있겠지만 이 영화에서, 이 신에서 오늘 필요한 것이 어떤 장면인지, 어떤 요소인지를 알고 있다면 모든 배우와 스태프에게 충분히 디렉션을 할 수 있죠. "오늘은 너의 슬픔이 필요하다", "어떤 감정이 필요하다", "여기선 이런 무드와 이런 흐름이 필요하다" 이렇게 설명할 수 있어야 하는 거예요. 하지만 그걸 알기까지 굉장히 오랜 시간이 걸리죠. 저도 〈놈놈놈〉에 이르러서야 조금 더 알게 됐으니까요. 감독이 된 지 10년 만에 깨달은 거죠.

그전에는 영화를 만드는 마음가짐이 달랐나요?

제가 원하는 영화를 만들고 싶었으니까 보여주고 싶고, 과시하고 싶은 것을 찍으려고 했어요. 그러려고 영화를 하는 거 아닌가 싶었고요. 사실 〈거미집〉을 찍은 지금도 여전히 그런 생각을 하긴 해요. 특히 제 영화는 취향이 다소 강한 것 같아요. 취향이 맞으면 열광하고, 그렇지 않으면 전혀 즐거움을 느끼지 못하기도 하죠. 〈거미집〉을 보면서 한 번도 안 웃었다는 관객도 있었으니까요. 저는 〈조용한 가족〉부터 언제나 그랬던 것 같아요. 심지어 〈놈놈놈〉도 블록버스터 작품이니까 상업적인 룰을 지키면서 안정적인 구조로 만들 수 있는 걸 제 취향을 담아 찍었다고 생각해요. 서부극을 만들고 싶다는 로망이 제일 컸지만 그 안에서 광기 어린 질주극을 보여주고 싶다는 생각이 더 강했거든요. 인생이란 게 욕망을 향해 미친듯이 무언가를 쫓는 추격전 같다고 본 거죠. 적당히 하고 다른 이야기로 넘어갔어야 하는데, 무언가 정제되지 않은 과잉의 에너지가 담겨 있어 〈놈놈놈〉도 재미없어 하는 사람들이 무척 많아요.

〈거미집〉은 '김열'이라는 영화감독이 주인공인 이야기로 감독으로서 불안과 욕망, 고충이 생생하게 와닿았어요. '김열'처럼 촬영을 마치고 악몽을 자주 꾸기도 하고, 현장에서 어려웠던 상황이 꿈에 나오거나 한다고요. 변수가 많은 현장에 대처하는 자신만의 방법이 있을까요?

상황에 따라 다른 것 같아요. 어떻게든 살려볼 수 있겠다는 생각이 들면 마무리하고 그렇지 않으면 그날 촬영은 접는 거죠. 예를 들어 〈놈놈놈〉 때 어느 날 촬영을 나갔는데 중국 현지 스태프들이 갑자기 광야로 막 뛰어가서 바람을 느끼더니 "이 바람은 안 되겠다"라고 하는 거예요. 무슨 영화 속 한 장면을 보는 것 같았어요. (웃음) 그래서 저는 한 회차 촬영 나오는 게 장난도 아니고 철수할 수 없다고 했는데 갑자기 돌풍이 확

불더니 제 몸이 붕 뜨더라고요. 보니까 텐트 프레임이 휘어질 정도의 바람인 거예요. 그런 때는 판단해야죠. 자연과 싸울 수 없으니 촬영을 접었어요. 배우에게서 원하는 연기가 나오지 않을 때도 있어요. 사력을 다해 돌파해보려 하지만 절망적인 상태가 올 때가 있거든요.

그런 상황에서는 배우에게 어떻게 디렉션을 하나요?

스태프든 배우든 감독은 계속 그들을 건드리는 직업이기도 해요. 무언가 나올 수 있게 말이죠. 특히 배우와의 작업에서는 정말 필요한 부분이고, 그게 감독의 자질이라고도 생각해요. 배우를 정화시키고 활활 불타오르게 할 수 있어야 하는거죠. 그러려면 당신 안에 더 보여줄 게 있는지, 어떤 괴물을 쓰고 있는지 이런 것들을 끄집어내야 하는 거예요. 일본의 거장 이마무라 쇼헤이(Shōhei Imamura)[19]도 자서전에서 "내면을 들여다보려면 어떻게든 아티스트의 프라이버시를 건들 수밖에 없다"는 말을 한 적이 있어요. ‹소년시절의 너›[20]의 증국상[21] 감독도 배우 주동우[22]에게 촬영에 들어가기 전부터 "우리는 서로에게 상처가 될 수도

[19]   1926년생. 일본 영화감독. 1960년대에 스즈키 세이준, 오시마 나기사 등과 함께 일본 영화의 뉴웨이브를 열었으며, ‹나라야마 부시코›와 ‹우나기›로 칸 영화제 황금종려상을 두 차례 수상했다.

있다"고 말하면서 각오가 필요하다 했다고 하더군요.
계속 배우에게 요구하는 감독에게도 한계가 오거든요.
그러다 포기하려고 할 때 갑자기 무언가가 확 튀어나올
때도 있어요. 영화라는 건 역시 한계라고 생각한 작업을
뛰어넘을 때 이뤄지는 것이고, 오히려 리스크를 안고
찍으면 에너지가 생기기도 해요. 편하게 하는 작업이
아니고, 자신에게 없었던 것을 해보겠다고 할 때 좋은
것이 나오는 거죠. 그래서 전 서로 웃고 떠드는 가볍고
느슨한 분위기의 현장을 좋아하진 않아요. 나쁘진 않지만
왠지 부드러운 긴장감이
흐르는 현장을 더 선호하죠.

현장을 통솔하는 책임자로서
불안감을 느낀 적은 없나요?

100개가 넘는 스태프들의
눈동자가 저를 쳐다보고
있으니까 당연히 불안할
때도 있죠. 점점 경력이
쌓이면서 저도 모를 때가
많은데, 생각을 거듭해서
최종적으로 제가 믿는
방향을 결정하면 맞겠거니

20   2019년 개봉한 중국상
감독의 영화. 소설 《소년적니,
여차미려》를 각색한 작품으로
우등생 소녀와 양아치 소년의 사랑
이야기를 그렸다.

21   홍콩 출신의
배우 겸 감독. 아버지가 배우
증지위로 영화계 집안에서
성장했다. 최동훈 감독의
〈도둑들〉에 출연했고, 영화 〈안녕,
나의 소울메이트〉와 넷플릭스
시리즈 〈삼체〉를 연출했다.

22   중국의 배우. 베이징
영화대학 출신으로, 장예모 감독의
〈산사나무 아래〉를 통해 데뷔했다.
20대 나이에 최초로 중화권 3대
영화제라 불리는 금마장, 금상장,
금계장을 모두 석권했다.

하면서 진행될 때가 많아요. 그래서 상대적으로 더 외로워지고 힘들기도 하죠. 모든 스태프들이 전적으로 저를 믿는 것과 스스로를 너무 믿어서 이 선택이 맞는지 확신할 수 없는 불안감을 모두 감내해야 하니까요. 저에 대한 스태프들의 신뢰를 손상시키지 않으면서, 저 또한 이게 맞는 길인지 의견을 듣고 싶은데, 점점 피드백이나 창의적인 컴플레인 같은 것이 닫혀가고 있다고 느껴질 때 불안한 것 같아요. 찍고 나서 "괜찮아?" 물어보면 "네, 좋습니다!"라고 하는데 이게 진짜인지 아닌지 의심이 들 때도 있거든요. 감독이란 끝없이 의심하는 직업 같기도 해요.

그런 불안감은 어떻게 극복하나요?

촉박한 시간 안에서 그냥 무언가가 떠오를 때까지 촬영한 걸 계속 들여다봐요. 잘 들여다보고, 깊이 보고, 넓게 보는 거죠. 상투적인 말 같지만 이런 것을 진짜 잘해야 해요. 모두가 이걸 알지만 못하는 경우도 있고, 그 깊이와 넓이의 기준이 각자 다르잖아요. 그런 차이에서 결과가 엄청 바뀌기도 해요. 어쨌든 무언가에 막혔을 때 저는 화가가 빈 캔버스와 백지를 보면서 어떤 그림을 그려야 할지 대상과 화풍을 생각하고, 미켈란젤로가 돌 안에서 조각의 형태를 발견하듯이 화면을 보면서 떠오르는

영화의 주제와 장르, 그리고 어떤 이야기를 해야겠다는 것이
정해지면 이미지나 스토리를 만들 수 있는 빌미가 될 만한 것을
무의식적으로 차곡차곡 모아요. 그런 것 중 결정적으로 작용하는
게 있는데요. ‹반칙왕› 때는 먹이를 보고 비상하는 호랑이를
포착한 사진에서 모티브를 얻었어요. 그 호랑이의 얼굴이 의외로
무척 평온했거든요. 주인공 임대호도 링에서 자신보다 월등한
상대를 향해 뛰어들 때 해방감을 느끼겠구나 싶었죠. ‹장화,
홍련›도 두 소녀가 손을 잡고 화려한 꽃밭을 뛰어가는 뒷모습을
담은 사진에서 영감을 받았어요. 너무 아름다운데 형언할 수 없는
슬픈 감정이 느껴졌거든요. 이런 감정과 분위기를 메꿔줄 수 있는
음악을 모아 플레이리스트로 만들기도 하고요. 플레이리스트의
음악과 영화가 비슷해질 때 이야기가 잘 풀리는 경우도 있어요.
‹달콤한 인생›은 누아르 장르면서 한 남자의 고독을 다뤘는데,
에드워드 호퍼(Edward Hopper)의 그림을 많이 참고했죠.
적막하고 공허한 주인공의 내면을 그리는 데 도움이 됐던 것
같아요. 이런 식으로 단서를 하나씩 풀어가는 거예요. 제가
부딪히는 모든 문화적, 예술적 경험이 모여 재료가 되는 거죠.
영화란 그 재료를 나만의 레시피에 적용해 새로운 맛을 내는 요리
같은 작업이라고 할 수 있고요.

| 그림으로 결정을 내리는 것 같아요.

영화를 만드는 수많은 과정 중 가장 좋아하는 순간이 있다면요?

| 현장에 가면 무척 편해져요. 그곳에서 제 역할은 교통
순경처럼 전체적인 흐름이 잘 흐르게 하는 것이기 때문에
서두르는 성격을 많이 죽이기도 해요. 현장에 모든 게 다
있다 생각하기도 하고요. 배우의 컨디션, 공간의 컨디션,
스태프의 컨디션, 그리고 제 컨디션 등 그중 하나라도
좋지 않으면 그 장면은 아무리 시도해도 안 된다고
생각하고 포기하기도 하고, 다시 제 컨디션을 끌어
올리기도 하는 거죠.

반대로 가장 힘겨워하는 단계도 있을까요?

| 개인적으로 평소에는 전반적으로 느린데 일할 때는
성격이 좀 급해요. 그래서 프리프로덕션 기간을 제일
못 견뎌 하는 것 같아요. 프리 기간이 길어질수록 빨리
촬영하고 싶고, 결과물을 보고 싶어져요. 로케이션
헌팅을 가는 것도 너무 힘들고요. 이동 시간이
너무 기니까요. 차 안에서 자거나 잘 쉬지도 못하는
편이거든요. 하지만 감독은 준비를 진짜 잘해야 해요.
영화를 하다 보면 반복되고 재미없는 시간을 만나기

마련이에요. 아주 지루한 시간들이 꼭 오게 되어 있어요. 그런 시간을 잘 보내야 한다고 생각하고, 반복적이어서 지루하고 재미없는 일을 잘 조율해야겠다고 느껴요.

재미없는 것이 창작자로서의 삶을 지탱한다

팬데믹으로 제작 중단이 되었던 시기를 제외하고 25년 넘게 꾸준히 작업을 이어왔는데요. 오랜 시간 감독으로 일할 수 있었던 비결이 있을까요?

사실 ‹놈놈놈› 이후 은퇴를 생각하기도 했어요. 영화적 로망과 판타지를 다 해소한 작품이었고, 에너지도 많이 고갈됐었거든요. 그렇게 영화에 대한 로망이 식고 판타지가 사라졌을 때 만든 게 ‹악마를 보았다›[23]예요. 그 작품을 만들 때는 영화라는 매체를 되게 차갑게 바라봤고,

> 23   2010년 개봉한 김지운 감독의 범죄 스릴러영화. 이병헌과 최민식이 주연을 맡았다. 약혼녀를 잃은 주인공이 범인으로 지목된 연쇄살인마를 잔혹하게 응징하는 내용이다.

지금까지의 작품 중에 가장 연출적으로 밸런스가 좋았던
영화였어요. 마치 재단사가 옷을 짓듯이, 의사가 환자의
환부를 들여다보듯이 냉철하게 영화에 접근한 거죠.
연쇄살인마를 다루다 보니 윤리적인 면에서 싫어하는
관객도 많았지만, 영화라는 매체의 기준에서 들여다봤을
때는 리듬이나 전개 등의 요소를 기술적으로 잘 구현한
영화라고 할 수 있어요. 하지만 끔찍하고 참혹한
이야기를 계속 상상하다 보니 우울증도 생기더군요.

워낙 공백 없이 활동해 슬럼프가 없었던 줄 알았어요.

남들이 보기엔 그럴 수 있죠. 〈놈놈놈〉과 〈악마를
보았다〉를 만들었던 당시 한국영화계는 전성기였고
그 이전부터 영화를 계속 만들어왔으니 두 작품
이후 어떤 매듭을 짓는 느낌이었어요. 할 만큼 한 것
같죠. 심리적으로 힘들기도 했고, 그 후 만든 〈라스트
스탠드〉[24]는 사실 미국으로 도망치듯이 간 거예요.
할리우드에 대한 어떤 야심도 없었죠. 무조건 가볍고
유쾌하게 자의식 없이 영화를 만들어보자 싶었는데,
만들고 나서는 조금 더
자의식을 갖고 만들자고
생각했어요. (웃음)
긴장하지 않고 만든

> 24   김지운 감독의
> 할리우드 진출작. 슈퍼카를 타고
> 멕시코 국경을 향해 질주하는
> 마약왕과 작은 국경 마을을 지키는
> 보안관 사이의 혈투를 그렸다.

영화였는데 그런 작업이 필요했던 시기였던 것 같아요. 아주 편하고 유쾌한 영화 말이죠. 시스템이 워낙 달랐기 때문에 현장은 힘들었지만 그렇게 조금 가벼운 작업을 하면서 많이 회복했고, 덕분에 영화를 그만두지 않고 지금까지 계속하고 있는 것 같아요.

요즘 SNS를 통해 공유하는 일상을 보면 작업과 생활에서 어떤 규칙 같은 것도 느껴지더군요. 이런 루틴을 갖게 된 계기가 있을까요?

처음부터 성실한 스타일은 아니었어요. 자유롭게 살다가 나이가 드니 체력이든 정신이든 이제 관리를 안 하면 안 된다는 걸 느낀 거예요. 문득 퇴행하고 있는 건 아닌가 싶었고, 하고 싶은 대로만 살면 안 된다는 걸 깨달은 거죠. 백수 시절에는 책을 무척 좋아했는데, 감독이 되면서 영화만 신경 쓰다 보니 책도 거의 읽지 않게 되었어요. 10년 넘게 책을 놓았다가 박찬욱 감독 등 주변의 다른 아티스트들을 보고 자극을 받았죠. 특히 박 감독은 책을 굉장히 많이, 그리고 심도 있게 읽는 분이거든요. 르네상스적이기도 하고, 감독이 저렇게 박학다식할 필요가 있는 걸까 싶을 정도로 아는 게 너무 많은 사람이에요. 오래전 기사에서 봤는데 다큐멘터리 감독 크리스틴 초이(Christine Choy)[25]는 아침마다 누구에게도 빼앗기지 않는 자신만의 4시간을 보낸다고 하더군요. 명상도 하고, 계획도 세우고, 책을 읽는 시간인 거죠. 이후에는 굉장히 재미있게 놀고요. 그런 루틴이 있어야 한다는 걸 느꼈어요. 그래서 10년 전부터 저 스스로에 대한 투자로 독서나 운동 같은 규칙을 다시 만들게 됐죠.

그런 라이프스타일은 감독으로서 삶을 오래 유지하기 위한 것일까요?

인생에서 평생 배신하지 않는 세 가지가 독서, 운동, 외국어라는 말이 있잖아요. 외국어는 틀렸고(웃음), 독서와 운동은 지금이라도 할 수 있으니까요. 특히 〈인랑〉[26]을 만들며 정신적으로도 육체적으로도 굉장히 많이 아팠어요. 모든 면역과 저항력이 떨어져 온몸의 염증이 최고로 달했고, 촬영 중간 중간에 피를 뽑았을 정도였으니까요. 그때부터 산책이나 운동을

25　　한국인 아버지와 중국인 어머니 사이에서 태어나 성장했다. 아시아계 미국인이 당면한 사회적 이슈를 날카롭게 다룬 다큐멘터리를 제작하며 〈누가 빈센트 친을 죽였나?〉로 아카데미 후보에 오르기도 했다.

26　　애니메이션 〈인랑〉을 모티브로 한 영화로 2018년에 개봉했다. 남북한 정부가 통일 준비 5개년 계획을 선포한 혼돈의 2029년에 통일에 반대하는 무장 테러단체 '섹트'가 등장하며 이야기가 시작된다.

본격적으로 시작한 거예요. 남산과 한강을 번갈아 가며 자주 걷다 보니 걷는 것도 단순한 운동이라기보다 일종의 살풀이고 액막이 같은 거더라고요. 걸으면서 몸과 정신의 나쁜 살(煞)을 빼는 거죠. 그러면서 삶이 좀 건강해지고, 건전해지기 시작했어요.

정신적으로 단단해진 부분도 있을 것 같은데요.

〈인랑〉 이후부터 나쁘고 게으른 생각들, 어른스럽지 못한 부분을 많이 개선했어요. 늙지 않은 생각을 해야 한다는 맥락에서 창작자가 어른스럽지 못한 건 좋은 부분일 수도 있는데, 일종의 '예술병' 같은 것에 취해 어른스럽지 못한 면이 있었거든요. 자주 걸으면서 계속 생각을 하다 보니, 많은 부분이 바뀌었고 성격도 조금 밝아졌죠. 고독하고 음울한 예술가스러움을 지향하던 것에서 벗어나 꾸준하고 성실해진 것 같아요. 매일 걷는 습관을 들이니까 일상에 일종의 루틴이 생겨 책을 읽는 시간도 다시 갖게 되더군요. 계속 꾸준히 하는 게 무척 중요하다는 것을 새삼 알게 되었어요. 또 하나 중요한 것이 있다면 '재미없는 것을 잘해야 한다'는 거예요. 사실 독서나 운동도 어떤 면에서는 재미없는 일이잖아요. 눕거나 자고 싶고, 날이 추우면 꼼짝하기 싫은 그런 방해 요소를 이겨낸다는 건 에너지 소비가 많다는 뜻이니까요.

하지만 그런 재미없는 일을 하지 않으면 삶의 다른 부분이 자동적으로 도태되고 둔해진다는 걸 깨달았어요. 게으르고, 무지하고, 무력하게 늙고 싶지 않다는 자극이 들었고, 돌아가신 이어령[27] 선생님이나 황현산[28] 선생님 같은 어른들을 보면서 나이가 들어도 저렇게 젊고 명석한 인식을 가질 수 있구나 하고 안도와 용기를 갖게 되었죠.

마지막으로 어떤 영화를 좋은 영화라고 생각하는지 궁금합니다. 궁극적으로 영화를 통해 추구하는 아름다움이 있다면요?

아름다운 전율이 오는 순간은 매번 달라요. 되게 무심하게 찍은 장면에서도 느낄 수 있는데요. **제가 생각하는 좋은 영화란, 끊어짐 없이 몰입할 수 있는 흐름이 영화에서 세 번 정도 등장한다면 좋다고 생각해요.** 어떤 세계관이나 주제, 메시지가 훌륭한 영화도 있지만, 불균질하고 다루는 이야기가 다소 조악하더라도 빠져들 수 있는 영화적이고 아름다운

27   문학평론가, 언론인, 저술가. 1956년 《한국일보》에 문학평론을 발표, 신랄한 비평으로 기성문단에 충격을 주며 데뷔했다. 1988 서울 올림픽 개막식을 총괄 기획하는 등 분야를 가리지 않는 다재다능함으로 한국의 현대를 대표하는 지식인이자 석학으로 불렸다.

28   문학평론가이자 불문학자, 번역가. 고려대학교 교수를 역임하고 《어린 왕자》부터 《악의 꽃》까지 다양한 프랑스 문학을 번역했다. 저서로는 《밤이 선생이다》 등이 있다.

순간이 길게는 5~6분까지 흘러가는 작품 말이죠. 축구 감독 아르센 벵거(Arsène Wenger)[29]가 비슷한 이야기를 했던 것 같아요. 2~3분 동안 끊이지 않고 공이 연속적으로 흐르는 것이 축구의 예술이라고 했던 것처럼, 그런 영화적 순간이 느껴지는 작품이라면 아무리 B급 영화라도 아름답다고 여겨요. 결국 영화는 지금 눈앞에 펼쳐진 세계를 몰입과 몰아의 상태로 만드는 것이니까요. 그걸 잘하는 영화가 좋은 영화라고 생각하고, 제가 영화를 만드는 이유이기도 해요. 젊었을 때든 나이가 들었을 때든 좋은 영화와 그 순간들 때문에 더 나빠질 수 있었던 제가 나아진 부분이 있거든요. 도대체 저런 영화를 만들려면 무엇을 해야 하는가에서 더 나아가 어떻게 살아야 할까라는 생각을 끝없이 하기도 했고요. 그런 고민을 일상 곳곳에 던지면서 개선하게 되었고, 생산적이고 지혜롭게 다듬어가며 살아가려 해요. 저 같은 또 다른 누군가가 있을 테고, 관객에게도 제가 느꼈던 영화가 선사하는 아름다운 동기를 줄 수 있으면 좋겠네요. 좋은 영화를 보고 '잘 살아봐야겠다'고 느꼈고, 그렇게 자각하며 살고 있는 것처럼 말이죠.

29   프랑스의 축구 선수 출신 감독. 현재 FIFA의 글로벌 디렉터를 맡고 있다. 아스널 FC 역사상 가장 뛰어난 감독이자 가장 많은 경기를 치른 감독으로 알려져 있다.

시네마테크 프랑세즈 회고전 대담
'김지운에 의한 김지운(Kim Jee-woon
par Kim Jee-woon)' 중 (2023.11.4)

지금은 연초를 끊었는데 뮤지션
데이비드 보위(David Bowie)의
사진이 붙여진 담배 케이스를 글을
쓸 때나 촬영 현장에 자주 들고
다녔어요. 그는 예술가란 멈춰 있어선
안 되며, 끊임없이 변화해야 한다는
말을 하기도 했거든요. 제가 추구하는
모토 또한 마찬가지예요. 창작하는
사람은 삶의 마지막까지 신선하게
살아 있어야 한다고 생각해요.

김지운은 1964년 서울에서 태어났다. 서울예술대학에서 연극을 전공했지만 중퇴하고, 1991년 유럽에서의 경험을 통해 감독으로서 꿈을 공고히 다지게 된다. 1997년 연달아 시나리오 공모전에 당선되며 영화계에 입문해, 1998년 데뷔작 ‹조용한 가족›을 선보였다.

—

이후 ‹반칙왕›(2000), ‹장화, 홍련›(2003), ‹달콤한 인생›(2005)을 통해 한국 현대 영화의 르네상스 시기를 견인하고, ‹좋은 놈, 나쁜 놈, 이상한 놈›(2008)으로는 제29회 청룡영화상 감독상을 받았다.

—

한국영화 최초로 할리우드 제작사 워너 브라더스에서 전액을 투자 받아 만든 ‹밀정›(2016)은 약 750만 명의 관객을 동원했으며, 제53회 백상예술대상 영화 부문 감독상을 수상했다.

—

2023년에는 영화감독 캐릭터를 주인공으로 내세운 ‹거미집›을 통해 1960~1970년대 한국영화에 헌사를 보냈으며, 프랑스 파리 시네마테크 프랑세즈에서 회고전을 개최하고 황금 명패와 함께 좌석을 헌정받았다. 최근에는 애플tv+ 최초의 한국 시리즈 ‹Dr. 브레인›(2021)을 비롯해 대만 소설 《망내인》을 원작으로 한 6부작 OTT 시리즈 ‹언프렌드›의 1, 2부를 연출했고, 차기작으로 미국 프로젝트인 ‹더 홀›을 준비하며 감독으로서 계속 영역을 넓혀가고 있다.

—

Instagram @*nothing_nobody_j*

김지운
Jeewoon Kim

"

영화는 생물학적이고 화학적인 속성이 있어서 많은
변수와 경우의 수가 생기는데, 그때마다 탄력적으로
지금 찍고 있는 것을 들여다보면 그새 답이 나올
때도 있어요. 부족한 게 무엇인지, 어떤 걸 더하면
좋을지 하나씩 떠오르는 거죠. 아무리 준비를 해도 그
방법밖에는 없는 것 같아요. 지금 일어나고 있는 것을
주의 깊게 보는 것 말이에요.

"

Jiwon
Han

한지원

Seoul

한지원은 한국 유일의 독립 애니메이션 영화제 서울인디애니
이다. 그는 독창적인 표현과 관객의 마음을 어루만지는 섬세
각인시켰다. 기획부터 작화, 연출까지 모든 것을 혼자 해낼 수
이션이 지닌 가치와 힘을 믿는 동시에 매체에 휘둘리지 않는

트 사상 최초로 대학 재학 중 대상을 거머쥔 애니메이션 감독
출로 애니메이션과 영화뿐만 아니라 한국 영상업계에 이름을
올라운더로서, 스스로의 역량을 한계 짓지 않는 그는 애니메
중요하다고 말한다.

감독은 막막함을 즐길 줄 알아야 해요

서울 용산구 한남동 비미디어컴퍼니 회의실,
2024년 2월 24일 오후 1시

현실보다 진짜 같은 만화 속 세상에 매료되다

요즘 넷플릭스와 처음으로 한국에서 제작하는 애니메이션 영화를 만들고 있다고요.

> 〈이 별에 필요한〉[1]이라는 작품인데요, 정확한 날짜는 아직 정해지지 않았지만 내년 중순에 공개되지 않을까 싶어요. 애니메이션은 일반적인 영화나 시리즈보다 제작 기간이 긴 편이어서요. 대본 리딩과 선녹음을 하고도 해야 할 게 한참 남아 있는 상황이에요.

애니메이션을 만드는 과정은
영화와 비슷한 부분도 있지만
확실히 전문적인 영역인 것 같아요.

1   2025년에 공개 예정인 넷플릭스 오리지널 애니메이션 영화. 우주인 난영과 뮤지션 제이의 세상에서 가장 먼 원거리 로맨스를 그린다.

선녹음은 처음 들어보는 용어인데, 어떤 과정인가요?

그림 영상에 타이밍을 정해놓고 녹음하는 것을 후녹음이라고 하는데, 흔히 우리가 알고 있는 더빙이라고 할 수 있어요. 반면에 선녹음은 영상에 소리를 맞추는 것이 아니라 소리에 영상을 맞추는 거예요. 똑같은 '안녕하세요'라는 대사도 누가 말하느냐에 따라 전혀 다르잖아요. 배우의 소리와 연기 톤을 반영해 그림을 그릴 수 있다는 게 선녹음의 장점이죠. 캐릭터를 표현하는 것도 훨씬 풍성해지고요. 디즈니와 픽사 같은 대형 제작사의 작품은 예산도 많다 보니 선녹음을 하는 경우가 많아요. 반면에 한국은 오리지널 애니메이션보다는 일본이나 해외에서 수입하는 작품이 많아서 후녹음을 주로 하고 사람들이 더빙 개념에 익숙한 것도 그 때문이죠.

〈이 별에 필요한〉이 첫 장편 작업이라고 들었어요. 어떻게 기획하게 된 건가요?

2023년에 주얼리 브랜드 스톤헨지(Stonehenge)와 연말 캠페인 프로젝트를 협업하면서 우주 비행사가 꿈인 주인공의 이야기를 다룬 〈뭐든 될 수 있을 거야〉[2]라는 단편을 만들었어요. 클라이맥스 스튜디오[3]가 그 작품을 보고 제안을 줘서 넷플릭스와 함께 장편화하게 된 거죠. 지금까지는 중단편만 해와서 ⟨뭐든 될 수 있을 거야⟩를 작업할 때 장편으로 만들면 어떨까 상상하기도 했는데 감사하게도 좋은 기회가 주어졌어요.

애니메이션에 처음 관심을 갖게 된 건 언제부터였나요?

할머니가 만화방을 운영하셨고, 어렸을 때부터 자연스럽게 만화를 접했어요. 부모님도 저희가 만화를 즐기는 것에 대해 크게 개의치 않으셨고요. 고등학교 진학을 앞두고 애니고⁴를 가고 싶다고 하니 그때 처음으로 안 된다고 하셨죠. 만화도 애니메이션도 다 괜찮은데 우선은 순수미술을 먼저 배우는 게 어떻겠냐고 하셨어요. 순수미술은 다양한 분야로 응용할 수 있다는 이유였죠. 부모님 말씀에 설득되어 예술고등학교에 진학했지만, 결국에는 대학에서 애니메이션을 전공했어요. (웃음)

2   소녀의 꿈을 주제로 한 스톤헨지의 'Be beautiful moments' 캠페인 영상. 한지원 감독 특유의 독보적인 감성과 세계관이 돋보이는 작품이다.

3   대한민국의 영상 콘텐츠 제작사. 중앙 그룹 SLL 산하의 레이블로 넷플릭스 시리즈 ⟨D.P⟩와 ⟨지옥⟩ 등을 제작했다.

4   애니메이션 특성화고등학교를 일컫는 말. 경기도 하남에 위치한 한국애니메이션고등학교, 울산애니원고등학교, 강원도 춘천의 강원애니고등학교 등이 있다.

보통의 청소년에 비해 훨씬 이른 나이에 진로를 결정한 건데요.
어떻게 그런 확신이 있었나요?

2D 콘텐츠[5]나 만화를 좋아하는 친구들은 어렸을 때부터
세상을 좋아하는 작품에 투영해 바라보는 경향이 있어요.
저도 짱구[6] 같은 만화부터 시작했지만 중학교 때 일본
애니메이션을 접하면서 '오타쿠[7]'가 된 셈인데요.(웃음)
좋아했던 만화와 같은 작품을 만들어보고 싶다는 생각을
하면서 자연스럽게 그림 그리는 직업을 고려하게 된
것 같아요. 동시에 만화처럼 표정이 있고 생동감 있는
캐릭터를 그리는 분야와 디자인이나 회화 같은 영역을
분리해서 바라봤고요. 즉 만화와 애니메이션 둘 중에
하나를 고민했지 다른
진로는 크게 생각하지
않았어요.

어렸을 때부터 굉장히 많은 작품을
접했을 것 같은데, 진로를 더
확고하게 만든 작품도 있었을까요?

사실 저는 만화도 하고
싶었고, 애니메이션도
하고 싶었고, 일러스트에도

5　　　2차원이라는 뜻의
'Two Dimensional'의 약자로 과거
만화나 게임에 광범위하게 쓰이던
도트 그래픽이 대표적인 예이다.

6　　　우스이 요시토의
연재 만화 《크레용 신짱》을
원작으로 하는 애니메이션 〈짱구는
못말려〉의 주인공. 전 세계 40여
개국에 방영되며 많은 사랑을
받아왔다.

7　　　만화나 애니메이션과
같은 한 분야에 마니아 이상으로
심취한 사람을 이르는 말.

관심이 있었어요. 돌이켜보면 희화화하거나 극화된 그림을 그리는 건 전부 좋아했죠. 그런 그림 자체가 좋았던 건데, 연출이나 이야기에 관한 명확한 개념이 있지는 않았어요. 물론 만화를 좋아했으니까 어렸을 때부터 만화책을 만들어보고 그리는 것을 조금씩 하긴 했는데 정확히 이 일이 어떤 건지 몰랐던 거죠. 그러다 미야자키 하야오(Hayao Miyazaki)[8] 감독의 〈원령공주〉(1997)[9]를 보게 되었는데 그때까지 경험한 모든 애니메이션과는 달랐어요. 그 작품을 보면서 어떤 창작자가 관여하느냐에 따라 애니메이션도 굉장히 달라질 수 있다는 것을 알게 되었죠. 이전에는 콘텐츠의 캐릭터에 집중해서 감상했지 작품 뒤에 있는 창작자의 존재는 의식하지 못했거든요. 〈원령공주〉를 보면서 '누가 이런 작품을 만들었을까?'라는 생각을 처음 했고, 이런 작품을 만드는 사람이 되고 싶었어요.

8   일본을 대표하는 애니메이션 영화감독으로 다카하타 이사오와 함께 스튜디오 지브리를 설립했다. 〈센과 치히로의 행방불명〉과 〈그대들은 어떻게 살 것인가〉로 미국 아카데미 시상식에서 두 번의 장편 애니메이션상을 수상했다.

9   미야자키 하야오 감독의 애니메이션 영화로 원제는 〈모노노케 히메〉이다. 근대화 과정에서 숲을 파괴하려는 인간과 이를 지키려는 신의 피할 수 없는 싸움을 그렸다.

애니고 대신에 진학한 예술고에서의 경험은 어땠나요?

예고에서 다양한 수업을

들으며 표현의 틀이나 방식을 확장할 수 있었어요. 처음부터 애니메이션의 기술적인 스킬을 배우는 것보다 좋았다고 생각해요. 다만 한국의 미대 입시 시스템과는 잘 맞지 않았던 것 같아요. 특히 제가 다녔던 서울예고는 학구열이 높았거든요. 교실 뒷자리에 앉아 매일 만화를 그리던 저에게는 쉬는 시간에 그림을 그리는 아이들이 생각보다 적다는 게 어색하게 느껴지기도 했어요. 다들 그림 그리는 걸 좋아해서 예고에 왔다고 생각했는데, 미술을 입시 과정으로만 여기는 경우도 있다는 걸 알게 된 거죠. 당시 느꼈던 입시 제도에 관한 거부감이 첫 단편 작품의 소재가 되기도 했어요. 다행히 만화 동아리가 있어서 동아리 친구들과 많은 시간을 보냈죠. 입학해 1년이 지나고 나서도 애니메이션을 하고 싶은 마음이 강해 1학년이 끝나자마자 부모님께 무조건 한예종[10]에 가겠다고 선언했어요. 이왕 입시로 고생할 거라면 진짜로 하고 싶은 진로에 전념하고 싶었거든요.

단 한 곳의 대학만 지망하다니 일반적인 고3이라면 상상도 못할 선택이네요. 그때도 부모님의 반대는 없었나요?

제가 쌍둥이 자매인데 부모님께 정말 감사한 게, 특히 어머니는 저희가

[10] 한국예술종합학교의 줄임말. 전문 예술인을 양성하기 위한 목적으로 설립된 문화체육관광부 소속의 국립특수대학이다.

고민해서 어떤 선택을 내리면 언제나 응원해주셨어요. 학원도, 한예종이라는 학교도 저희가 직접 찾아봤고, 하고 싶은 것을 말씀드리면 어머니는 무척 반가워하며 지지해주셨죠. 한예종과 애니메이션 전공 입시에 맞춰 시간을 더 집중투자할 수 있도록 담임 선생님을 만나 설득해주시기도 했고요. **어떻게 보면 저희 자매의 재능은 다른 게 아니라 어머니의 존재 자체이지 않았나 싶어요.** 어머니가 인테리어 회사를 운영하시는데 한 평도 안되는 작은 가게에서 시작해 지금까지 쭉 해오고 계시거든요. 그 과정을 들여다보면 마치 단편에서 출발해 큰 프로젝트를 하고 있는 저를 보는 것 같아요. 하고 싶은 게 있으면 **겁내거나 주저하지 않고 도전하는 태도를 어머니께 많이 배웠죠.**

그토록 꿈꿨던 한예종은 원하는 바를 펼칠 수 있는 장이었나요?

가장 도움이 되었다고 생각하는 부분은 1년에 반드시 작품 한 편을 혼자 완성하는 커리큘럼을 경험했다는 거예요. 보통 애니메이션은 공동 작업으로 만들기 때문에 혼자서는 할 수 없다고 생각하는데, 한예종은 독립 작가를 양성하는 분위기였거든요. 틀에 얽매이지 않고 혼자 프로젝트를 구성하고 기획하면서, 매체의 언어를 답습하는 대신에 나의 언어로 표현하는 방법을 배웠죠.

예고 입시에서 그림의 기본기를 익혔다면, 한예종에 진학하면서는 입시부터 졸업까지 사고하는 방법을 체득한 것 같아요. 반면에 애니메이션은 전문적인 기술 숙련이 필요한데 제가 다닐 당시만 해도 그런 커리큘럼은 적은 편이었어요. 그래서 스스로 터득하고, 선배들에게 배우기도 했죠. 타과 수업 중에도 좋은 게 많아서 심리학이나 목공 수업도 들었고요. 결론적으로는 대학에서 만든 작품들이 알려지게 되었고, 졸업할 무렵에는 네 편 정도를 모아 극장개봉도 하게 되어서 작품을 만드는 데는 최적의 환경이었던 것 같아요.

영화감독의 경우 대학에서 반드시 영상이나 영화를 전공하지 않더라도 감독이 되는 경우가 많은데요. 애니메이션은 아무래도 전문적 기술과 지식이 필요하다 보니 좀 더 정해진 트랙을 밟을 것 같아요. 대학이나 전문 기관을 수료하지 않고 애니메이션 감독이 되는 경우도 있을까요?

요즘은 전공을 했는지는 정말 중요하지 않은 것 같아요. 특히 온라인 클래스를 통해 배우거나, 애니메이션 회사에 바로 입사하는 사람도 있거든요. 저도 고등학교 때 애니과 입시 학원에 다니기 전까지는 혼자서 했던 거니까요. 독학으로 인체를 그리는 방법을 습득하고, 애니메이팅 기술을 배우는 게 전혀 불가능한 시대는

조현나, "'그 여름' 한지원 감독,
관객과 동시대의 감성을 공유한다' 중
(《씨네21》, 2023.6.8)

언젠가 장편애니메이션을
하고 싶다는 꿈은 있었지만,
그 '언젠가'라는 시점을 떠올릴
때마다 과연 내가 준비가
되어 있을지 항상 의문이었다.
그런데 〈그 여름〉을 통해서 큰
규모의 스튜디오, 디테일이
좋은 파트너들과 일하며 정말
많은 것을 얻었다. 꾸준히
나만의 이야기를 구상하고
틈틈이 광고 작업을 하더라도
비주얼에 대한 욕심을 놓지
않았다.

그러면서 조금씩 퍼즐이
맞춰져온 느낌이 든다. 어렵고
힘들지만 내가 지금 뭘 하는지
전혀 모르겠는 상태는 아니다.
하루하루 도전하되 맞는 곳에
서 있다는 느낌이랄까.

아니에요. 물론 대학이나 전문 기관을 수료하면 훨씬 안정감은 있어요. 일종의 커뮤니티가 있으니 업계에서 스스로 어떤 작품 스타일을 지니고 있는지 파악하고, 이를 비교해 개선할 수 있다는 게 혼자 작업할 때보다 좋은 점이라고 할 수 있죠.

혼자 하는 작업이 종착지가 되어서는 안된다

대학에서는 주로 혼자 작품을 만들었고, 글로벌 OTT 프로젝트를 이끌고 있는 지금은 이전에 비해 많은 스태프와 함께 일하고 있을 텐데요. 두 작업 방식에 큰 차이가 있을까요?

혼자 작업하는 것은 머릿속의 아이디어를 제가 구현해야 하니 스스로를 감독하는 거죠. '애니메이터[11] 한지원 너 이거 해!', '이 다음에 배경 그려야 해' 이런 식으로 말이죠. (웃음) 작가와 감독, 제작자 등 여러 명의 자아를 갖고 혼자 해내는 느낌이었고,
지금은 감독으로서
스태프에게 지시를 하니까
자아가 분리된 거나

11   애니메이션에서 동작과 움직임을 구현하거나 그리는 사람. 애니메이션 제작을 직업으로 하는 스태프를 총칭하는 말이기도 하다.

다름없어요. 힘든 부분이 있다면 다른 사람에게 정말 많이 설명하고 이야기를 나눠야 한다는 거예요. 막막한 장면의 경우에는 때로 직접 해봐야 연출 방향을 알게 될 때도 있는데, 제가 직접 테스트를 한 다음에 애니메이터에게 방향을 제시하는 게 사실 편해요. 그래서 한동안은 품고 있다가 드리기도 했는데, 상업영화 시스템에서는 효율적인 방식이 아니죠. 분명한 건 함께 일하는 과정에서 작업의 퀄리티도 높아졌고, 저도 배우는 게 많다는 거예요.

어떤 부분에서 가장 큰 깨달음을 얻었을까요?

혼자 작업하는 방식이 종착지가 되면 안 된다는 거였어요. 단편 같은 소규모 작업은 혼자서도 충분히 할 수 있기는 해요. 하지만 제가 꿈꾼 프로젝트는 〈원령공주〉 같은 작품이니까요. 이런 작품은 절대 혼자서 만들 수 없는 거잖아요. 개인적으로 협업을 어려워하는 편이었는데 노력한 것도 이 때문이에요. 다른 사람과 함께하는 연습을 하면서 일부러 더 다가가려 했죠. 클래스를 열거나 멘토링 사업에 참여해 멘토를 맡기도 했고요. 사람 만날 기회를 계속 만들면서 제 성향을 열어가고자 했어요.

다른 분야의 스태프와 달리 애니메이터들은 개성도 굉장히

강할 것 같은데요. 함께 일할 동료를 영입하는 자신만의 기준도
있을까요?

지금 하는 작업에 어울리면서, 비슷한 이상을
품고 있는지가 중요한 것 같아요. 말씀하신 것처럼
애니메이션을 하는 사람들 사이에서도 각자의 관점과
스타일이 있는데요. 저는 애니메이션이라 해도 미술적인
부분이나 움직임을 굉장히 중요하게 여겨요. 그런
움직임에는 이야기가 필요로 하는 고유한 의도가 녹아
있어야 하거든요. 그래서 애니메이션의 장르적인 문법을
덜 쓰는 편인 것 같아요. 재미있는 작품을 만들기 위해
장르화된 문법을 그대로 사용하는 방법도 있지만, 제가
의도하고자 하는 재미는 조금 다른 거죠. 이런 결을
가지고 있는 분들과 협업할 때 좀 더 수월함을 느끼는 것
같고요.

그렇다면 감독님이 추구하는 재미라는 것은 구체적으로 어떤
것일까요?

간단히 설명하면 스튜디오
지브리(Studio Ghibli)[12]처럼
애니메이팅이 훌륭한 작품은
2D지만 매우 부드럽고,

12   전 세계적으로 많은
팬을 보유한 일본 애니메이션
스튜디오. 1985년에 설립되어
미야자키 하야오 감독을 중심으로
‹이웃집 토토로›, ‹센과 치히로의
행방불명› 등을 제작했다.

캐릭터의 대사에 따라 움직임도 그에 딱 맞게 움직여요. 즉 연기와 이야기를 동작으로 훨씬 풍부하게 표현하고 표정에 담아내는 거죠. 그런 좋은 애니메이션 연기가 그 작품이 애니메이션이어야 하는 이유가 되기도 하고요. 배우의 연기를 실사로 촬영해 보여줄 수도 있는데, 애니메이션으로 굳이 표현하는 거잖아요. 목소리 연기에 의존하거나, 대사를 바꿔도 상관없는 애니메이팅은 좋은 연기가 아닌 거죠. 물론 정형화된 장르적 표현도 재미있고 맛있어요. 예를 들어 로맨스 판타지라는 장르가 있다면 북부 대공[13]이나 아가씨, 집사 같은 그 장르의 문법 같은 캐릭터 표현들 말이에요. 어느 한쪽이 좋고 나쁘다는 건 아니고, 저는 그런 장르적 표현을 잘하는 편은 아니에요. 다만 저 같고, 에디터님 같고, 사람 같은 리얼하면서 인간적인 캐릭터의 고유한 성질을 추구하는 거죠. 그렇기에 제가 공감 가고 구현할 수 있는 인물의 연기와 표정을 작품마다 고안하려고 해요.

말씀 중 실사영화로 만들면 될 것을 굳이 애니메이션으로 만든다는 표현이 인상적이었어요. 그렇다면 왜 굳이 애니메이션을 만든다고 생각하나요?

| 굉장히 큰 질문이고

13   로맨스 판타지 장르에서 흔히 등장하는 캐릭터의 한 유형. 척박한 환경, 추운 날씨 등 다양한 위협을 이겨내야 하는 북부 지역 특성상 '냉혹한 강자'로 묘사된다.

저도 아직 그 답을 찾아가는 중인데요. 분명한 건 애니메이션이 제 모국어라는 거예요. 저마다 애니메이션을 만들고 싶고, 보고 싶어 하는 이유는 각자 다르겠지만 특히 캐릭터가 보여주는 연기와 그에 따른 데포르메(Déformer)[14]에서 독특한 쾌감을 느끼는 것 같기도 해요. 작품과 스토리에 따라 캐릭터의 조형이 더 강조되기도 하고 생략되기도 하는 것 말이죠. 그리고 어떤 장르는 확실히 영화보다 애니메이션이 더 잘 어울려요. 장르에 대한 저의 입장은 이중적이라고 할 수 있는데 특정 장르와 애니메이션이 잘 맞는다는 건 부인할 수 없는 것 같아요.

완전히 새롭게 창작하는 오리지널 스토리는 물론 소설을 영상화하거나 원작을 각색하는 등 다양한 방식으로 애니메이션을 선보여 왔습니다. 작품에 대한 영감은 주로 어디서 시작되나요?

개인적으로 저는 어떤 기회에서 영감을 받는 것 같아요. 작품을 하나의 커다란 빙산이라고 하면, 수면 아래에 평소 하고 싶었던 이야기나 정서를 적어둔 메모와 시나리오들이 있는 거죠. 그러다 적절한 기회를 만나면 모습을 드러내는 건데요. 프로젝트 제안을

14   만화에서 캐릭터, 스토리, 연출을 정확히 재현하기보다는 의식적으로 확대하거나 부풀리는 표현을 가리키는 말이다.

받았을 때 마음이 동하는 포인트가 있고, 스스로를
대입할 수 있느냐가 중요한 것 같아요. 지금 하고 있는
〈이 별에 필요한〉의 시작이 된 스톤헨지 광고 프로젝트는
가장 처음 제안받았을 때 '선물(gift)'이라는 핵심적인
키워드와 연말 시즌이라는 점을 고려해 여성 서사가
더해진 작품이면 좋겠다는 정도의 가이드가 있었어요.
'gift'의 또다른 의미인 '재능'에 주목했고, 앞서 말씀드린
것처럼 저는 저희 어머니가 저의 재능이라고 생각해
할머니와 어머니에게 우주 비행사라는 꿈을 물려받는
딸의 이야기가 생겨난 거죠. 결국 그렇게 만든 단편을
장편으로 작업하게 되었고요.

팬데믹 끝 무렵 아시아나항공과 함께한 〈Be Hopeful〉[15]도 여행에
대한 설렘을 레트로 감성으로 풀어내 큰 화제가 되었어요.
유튜브에서 주기적으로 복습한다는 사람들도 눈에 띄던데요.
창작자로서 상업성과 독립성에 대한 딜레마는 없었나요?

〈원령공주〉를 보고 애니메이션 감독을 꿈꿨기 때문에 제
안에서 두 요소가 충돌하곤 했던 것 같아요. 〈원령공주〉는
일본의 상업 시스템 안에서
만들어졌지만, 그
안에서도 지브리는 특이한
집단이거든요. 일반적인

15   한지원 감독이 제작한
광고 영상의 타이틀. 아시아나항공이
외부 브랜드와 협업해 개발한 여행
콘셉트의 수제 맥주 '아시아나 호피
라거'를 홍보하기 위해 기획됐다.

김유영, '당신을 꿈꾸게 할 애니메이션,
한지원 감독' 중
(디자인프레스 '헤이팝 heyPOP', 2022.8.3)

진심으로 작업해야만, 미묘한
디테일까지 예민하게 챙겨서 마음에
들게 내보낼 만큼 충분한 에너지가
생긴다고 생각해요. 개인 단편이나
오리지널 프로젝트는 물론이고,
아무리 상업 작품이라고 해도 스스로
설득되지 않거나 동의할 수 없는
이야기, 감정을 표현하지는 않으려고
노력합니다. 자유롭게 작업할 수
있으면서도 스스로 이입 가능한
기획이라면 놓치지 않으려 하고, 일할
때도 최대한 의견을 내는 편이에요.

애니메이션 회사와 다른 길을 간다고 할 수 있는데,
상업적으로 가지 않으면서 상업적인 작품을 만드는
곳인 거죠. 상품으로서 가치도 지녔는데, 명작이라고 할
수 있는 플러스알파의 개성도 갖춘 거니까요. 양립하기
쉽지 않은 요소를 지닌 작품을 좋아했고, 이런 작품이
저의 꿈이다 보니 독립성과 상업성 사이에서 헷갈려 했던
것 같아요. 하지만 지금은 두 개념에 크게 무게를 두지
않고, 사진적 의미로 받아들이게 되었어요. 오히려 두
가치 사이에서 균형을 잡거나 타협하면서 더 흥미로운
연출적 선택이 이뤄지기도 하죠. 특히 상업 프로젝트는
주어진 자본을 바탕으로 앞으로의 장편이나 다른
작품에서 시도해보고 싶은 연출 방법과 기술을 실험할
수 있다는 데 작업적 의의가 있는 것 같아요. 광고주의
니즈를 충족시키면서 제 감성을 표현하는 작업이기
때문에 미래의 투자자들에게도 어필할 수 있는 중요한
포트폴리오가 되죠. 이제는 함께하는 파트너와 제가
모두 만족할 수 있는 작업을 하려면 어떻게 해야 하는지,
작품의 퀄리티를 어떻게 높일 수 있는지 고민하는 단계에
와 있는 것 같아요.

설득을 포기하지 않는 마음이 중요하다

영화와 애니메이션은 픽션을 다루지만 표현 방법은 전혀 다른
매체라고 할 수 있어요. 제작 과정 또한 크게 차이가 있을까요?

프리프로덕션과 메인프로덕션, 그리고
포스트프로덕션이라는 커다란 프로세스는 같지만
세부적인 과정은 굉장히 달라요. 영화를 하는 분들과
이야기를 나눌 때 제일 많이 꼬이는 용어가 촬영인데요.
영화는 크랭크인[16]을 하면
바로 촬영을 시작하잖아요.
애니메이션은 모든 공정
끝에 촬영이 있어요. 과거
디지털 방식이 도입되기

16   영화에서 촬영개시를
뜻하는 말. 구형 촬영기나
영사기에서 필름을 돌리기 위해
조종하는 손잡이를 '크랭크'라고
하는데, 크랭크를 돌리면 촬영이
시작되는 데서 유래했다.

전에는 셀지에 그림을 그리고 컬러를 채색한 다음 수채화로 그린 배경을 차례로 포갰어요. 그걸 위에서 카메라로 촬영을 하는 과정이 마지막 단계였거든요. 디지털이 도입된 지금은 '합성'이라고도 부르는 공정인데, 업력이 오래된 상업 업체들은 촬영이라는 단어를 아직도 많이 쓰는 것 같아요. 또 다른 부분이 있다면 목소리를 연기하는 배우가 있지만, 캐릭터의 움직임과 연기 아이니어를 고민하는 건 애니메이터의 역할이라는 점이에요.

생각해보니 애니메이션 영화의 크레딧에서 촬영감독이라는 타이틀을 보고 궁금했던 적이 있어요. 3D 애니메이션[17]도 아니고, 2D 작품인데 촬영이 필요한가 싶었거든요.

3D 애니메이션이나 픽사의 작품처럼 스케일이 큰 경우에는 영화의 촬영감독이 함께할 때가 있어요. 앞서 설명한 것처럼 모든 공정을 합성하는 애니메이션 촬영감독과는 역할이 다른데요. 영화는 촬영감독과 감독이 협의해 신을 구성하기도 하고 연출을 바꾸기도 하잖아요. 애니메이션도 영화의 촬영감독이 참여해

17　　　3차원 공간의 동영상과 동영상 제작 과정, 제작 기법 등을 통틀어 이르는 말. X축과 Y축으로 이루어진 평면 공간에 Z축을 추가해 배경과 사물, 캐릭터 등이 입체적으로 표현된다.

그런 역할을 할 수 있는 거죠. 운이 좋게 이번 작품에 영화작업을 많이 하신 촬영감독님을 모실 수 있었어요. 중요한 장면의 경우에는 감독님이 제안한 레퍼런스를 보고 장면을 구성하기도 하고, 주인공들의 목소리를 담당한 김태리[18], 홍경[19] 배우의 연기를 촬영해 그것을 바탕으로 애니메이팅을 하기도 했죠. 영화제작사와 함께하면서 용어와 과정이 달라 혼란스러운 부분도 있지만, 영화의 장점들을 많이 적용하면서 흥미롭게 작업하고 있어요.

애니메이션은 극영화와 달리 물리적 환경과 조건의 제약을 덜 받다 보니 만족스러울 때까지 작품을 무한히 수정하는 것도 가능할 것 같습니다. 이런 완벽을 추구하고 싶다는 마음 때문에 괴로운 부분은 없나요?

말씀처럼 계속 수정할 수도 있지만 꼭 그런 것만은 아니에요. 일반적인 영화처럼 프로젝트 마감이 정해져 있다 보니 PD 가 "이 고민은 아무리 힘들어도 이번 주까지만 해야 한다"고 정리해주기도

18   1990년생. 박찬욱 감독의 영화 〈아가씨〉에서 남숙희 역할로 대중에게 이름을 알렸다. 드라마와 영화를 넘나들며 다수의 흥행작에서 활약하고 있다.

19   1996년생. KBS 드라마 〈학교 2017〉을 통해 데뷔했다. 영화 〈결백〉에서는 자폐성 장애를 가진 정수 역을 맡아 백상예술대상 신인연기상을 받았다.

하죠. 중요한 신인데 마감을 맞추기 어려울 것 같으면 스케줄을 조율하기도 하지만, 데드라인이 정해져 있는 것은 영화와 마찬가지라고 할 수 있어요. 특히 저는 시간만 있으면 배경, 애니메이팅, 합성 등 전부 고칠 수 있거든요. 한 땀 한 땀 더 잘할 수 있는데 놓치는 게 있는 건 아닐지 그런 생각이 들 때 무한한 책임 의식을 느끼는 것 같아요. 음악처럼 아예 할 수 없는 영역의 일이면 질 맞는 음악감독을 섭외해 그분의 스타일을 존중하고 맡기면 되는데 애니메이션은 스스로 할 수 있는 범위가 넓다 보니 힘든 거죠. 특히 이번 작품은 업계에서 정말 오랜만에 주어진 오리지널 상업 프로젝트의 기회여서요. 주목받는 만큼 압박도 큰 게 사실이에요.

그런 무게감은 어떻게 이겨내나요?

이 작품이 업계의 판도를 바꿀 거니까 결과물도 엄청난 게 나와야 한다는 이야기를 들었어도 어쨌든 저는 '지금 내가 못하는 건 할 수 없다'고 생각해요. 작업자로서의 자아를 내려놓고 감독으로서 피드백과 컨펌에 집중하는 거죠. 그냥 잊어버리려고 하기도 하고요. '단편하는 것과 똑같다', '나는 미야자키 하야오가 아니다'라고 되뇌이면서요. (웃음) 일단은 눈앞의 해야 할 일을 처리하고 그 이상으로 생각을 확장하지 않으려고 해요.

감독이자 창작자로서 일과 삶의 균형을 유지하기 위한 자신만의
방법이 있을까요?

원래 루틴 같은 게 있었는데 지금은 많이 무너졌어요.
마감할 때는 항상 비상사태이기 때문에 모든 밸런스가
붕괴된 거죠. (웃음) 이런 상황에서 지키려고 하는 게
있다면 잠은 절대 줄이지 말자는 거예요. 20대 때는 밤을
새는 게 멋지다고 생각했고, 친구들과 며칠이나 철야를
했는지 서로 기록을 자랑하기도 했는데 이제는 그런
바보 같은 짓은 절대 하지 않아요. (웃음) 클라이밍이나
운동을 꾸준히 하기도 했는데, 요즘은 운동을 못하는
대신 심리상담은 꼭 가려고 해요. 지금은 특히 정신
건강을 유지하는 게 중요한 상황이기도 해서요. 루틴과
규칙이 있어야 한다는 것도 일종의 강박이니까 지금은 이
무너진 상태를 받아들이고, 짧게라도 주변 사람들과 함께
시간을 보내며 환기하려고 해요.

이번 작품이 끝나면 꼭 하고 싶은 위시리스트 같은 것도 있나요?

사실 이 작품이 끝난 이후의 삶이 잘 그려지지 않아요.
이런 감정은 매번 겪는 것이기도 한데요. 대체로 모든
애니메이션은 작업을 시작할 때 까마득한 느낌을
주거든요. 망망대해에 던져진 것 같죠. 특히 첫 장편이고

감독은 막막함을 즐길 줄 알아야 해요

새롭게 시도하는 포맷이다 보니 제 개인적인 능력과 함께 인성적인 부분까지 테스트를 받는 기분이 들어요.

감독에게 요구되는 인성이라는 것은 대체 무엇일까요?

설득을 포기하지 않는 마음이요. 이게 굉장히 중요하고, 그러려면 자기 안에 확실한 무언가가 있어야 하는 것 같아요. 감독이 될 수 있는지 아닌지를 판가름하는 기준이라고도 할 수 있고요. 이래도 좋고, 저래도 좋으면 감독을 할 수 없겠다는 생각이 들어요. 이건 이래야 하고, 이렇게 가는 게 맞다는 직관적 판단이 필요한 거죠. 동시에 사람들에게 강압적으로 밀어붙이는 게 아니라 자신의 판단과 가치를 계속 설명할 수 있어야 해요. 어차피 상대가 이해하지 못하고, 이해하지 않아도 상관없기 때문에 그냥 하라고 요구하는 창작자와, 자신의 생각을 계속 공유하고 설득하려는 창작자의 마음은 작업을 구현할 때도 굉장히 다른 영향을 미친다고 생각해요. 특히 애니메이션은 정말 한 땀 한 땀 사람이 그리는 일이기 때문에 그 사람의 마음 상태에 따라 전혀 다른 결과물이 나올 수도 있거든요. 이번 작품을 통해 다시 한번 이런 부분을 깨닫고 있고, 함께 작업하면서 동료들이 때로는 제가 놓친 것을 챙겨주기도 해요. 굉장히 귀한 분들을 만났다고 생각해서 그들에게 잘

보이고 싶다는 마음이 커요. (웃음)

좋은 사람이 결국 좋은 영화를 만든다

한국영화와 애니메이션 업계에 대한 견해도 궁금합니다. 이번에 OTT 프로젝트를 경험하면서 시장의 판도나 경향이 바뀌었다고 느낀 부분도 있을까요?

애니메이션은 한국에서 한 번도 힘들지 않았던 적이 없었고, 각 세대마다의 힘듦이 있는 것 같아요. 저와 동년배인 애니메이션 종사자들은 뉴웨이브라는 평가를 많이 듣는데요. 굳이 상업 시스템과 시장에 뛰어들지 않고 독립적으로 개성 강한 작품을 보여줄 수 있었기 때문이죠. 과거에는 애니메이션을 하고 싶으면 하청회사에 들어가서 지우개질부터 해야 한다는 인식이 강했거든요. 지금 세대는 그렇게 일을 배우지 않아도 되는 거죠. 그러면서 이른바 '부티크 스튜디오'가 많이 등장했어요. 고유하고 높은 퀄리티의 작품을 구현하면서, 상업 시스템에서 어느 정도 자유도도 지니고 있고 직원들에게 월급을 줄 수 있는 애니메이션 업계의 벤처 기업 같은 스튜디오를 지칭하는 건데요. 팬데믹과 OTT 시기와 맞물려 이런 소규모 스튜디오에서 높은 수준의 광고나 애니메이션을 선보여왔고, 저도 이런 환경과 변화 속에서 수혜를 받았죠. 하청으로 작업만 하는 데서 더 나아가 기획과 프리프로덕션부터 가능한 스튜디오와 회사들이 생겨난 거예요. 힘든 와중에도 이런 방향으로 한국 애니메이션 업계는 계속 발전하고 있는 상황이에요.

봉준호 감독의 〈기생충〉이 아카데미 작품상을 수상하는 등 세계적 반열에 오르는 동안 한국 애니메이션은 아직 만개하지 못한 것 같습니다. 개선해야 하는 업계의 문제가 있다면 무엇일까요?

아쉬운 이야기를 하자면 독립 애니메이션[20]에 대한 지원이 최근 들어 확연하게 줄었다는 거예요. 저는 현재 상업이나 대형 프로젝트를 하고 있지만 스스로를 '독립의 딸'이라고 생각하거든요. 회사나 조직

> 20 　 독립적인 방식으로 만들어지고 상영되는 애니메이션. 실험적이고 예술적이며 때로는 난해한 모습을 띠기도 한다. 마케팅적 이해관계 속에서 만들어지는 상업 애니메이션과 반대 개념이다.

안에서 일하기보다 독립 애니메이션 신에서 성장했기 때문에 저만의 작품 세계를 구축하고 다양한 연출 방법을 시도해볼 수 있었어요. 독립 애니메이션 신이 인큐베이터 역할을 한 거죠. 재능 있는 감독들의 보고이기도 하고요. 이런 신을 뒷받침하는 협회에 대한 예산이 거의 없다시피 삭감되고, 지원사업도 사라지면서 암담한 상황에 처해 있어요. 독립애니메이션협회와 독립 신이 없었다면 저도 없었을 텐데 말이죠. 영화도 마찬가지예요. 봉준호 감독님 같은 분들도 독립영화에서 시작해 성장한 거니까요. 이런 바탕에서 감독과 창작자들이 자신만의 개성을 지켜가면서 기획력을 키워왔기 때문에 OTT 나 해외시장에 진출할 수 있는 기회가 주어졌다는 걸 업계와 정부가 간과하는 것 같아요. 앞으로도 계속해서 새로운 창작과 작품이 탄생하기 위해서는 영화든 애니메이션이든 반드시 독립 신에 대한 지원이 필요하고, 이 부분이 개선되길 바라요.

척박하고 힘든 환경 속에서도 애니메이션을 포기하지 않고 지금까지 계속해서 하게 만든 힘은 과연 무엇일까요?

제가 보고 싶은 작품을 아직 만들지 못한 것 같아요. 이번 작품이 그런 작품이 되면 좋겠는데 가능할지 모르겠네요. (웃음) 평생을 〈원령공주〉를 보면서 꿈을 키웠으니

조현나, "'그 여름' 한지원 감독,
관객과 동시대의 감성을 공유한다' 중
(《씨네21》, 2023.6.8)

동시대성이라는 키워드를 좋아한다.
〈그 여름〉도 2000년대 초반이
배경인데 요즘 그 당시의 요소들이
다시 유행하지 않나. 그 미묘한
유사성들을 표현하면서 정말
재밌었다. 〈이 별에 필요한〉은 미래의
이야기지만 1990~2000년대 초반의
것이 현재 유행하는 것처럼, 미래에도
지금의 미학적이고 정서적인 부분이
유행할 수 있다고 생각해 캐릭터를
디자인할 때, 음악을 설정할 때도
현재의 것들을 반영하고 있다.
나는 내가 소구하고자 하는 타깃의
관객층과 나이대가 비슷하고, 시대의
많은 것들을 공유하고 있다. 그런
동시대적인 감성을 잘 아는 감독으로
기억해주시면 제일 좋겠다.

그 발끝이라도 따라갈 수 있는 작품을 만들고 싶은데
말이죠. 미야자키 하야오 감독의 인터뷰를 모은 책이
있는데 저에게는 성서와도 같아요. 작업을 하다가 마음이
힘들 때 점을 보듯이 펼쳐보는데요. 그 책에 "자신이
꿈꿨던 작품의 발끝에라도 닿을 수 있다고 생각하는
사람만 애니메이션 업계에 들어오라"는 말이 나와요.
그 정도로 애니메이션은 막막하고 그 막막함을 즐기는
마음도 있어야 하는 일 같아요. 동시에 그 막막함이
해소되어서는 안되고요. 스스로 어떤 작품을 만들지
궁금해야, 그 궁금증이 계속 애니메이션을 하게 하는
힘이 되겠죠. 그래서 끝을 볼 수 있을지 모르겠지만
제가 보고 싶은 작품을 아직 못 봤다는 생각이 들어서
계속하고 있어요.

마지막으로 좋은 영화란 무엇일까요?

창작자로서 솔직할 때 좋은 영화가 나온다고 생각하고
그렇기 때문에 좋은 사람이 되어야 한다고 느껴요. 좋은
사람이어야지 그 사람이 솔직하게 보여주는 가치가 좋은
것일 테니까요. 지금까지 단편부터 장편까지 작업을
이어오면서 오직 스스로 공감하는 작품만 만들 수
있다는 걸 알게 됐기 때문에 이런 생각을 하게 되었어요.
과거에는 금기시되거나 실험적인 것을 선보이는 게

영화적 재미라는 생각도 했는데, 그런 작품은 건강하지 않은 영향을 주기도 하잖아요. 언니와 이야기를 나누면서 주화입마(走火入魔)[21]라는 말에 대해 생각해보기도 했는데, 기술이나 매체 자체에 휘둘리다가 영혼을 잃고 자극적인 껍데기만 계속 만드는 창작자도 있거든요. 그런 유혹 속에서 중심을 잘 잡아야 할 것 같아요. 무엇보다 생물학적으로 정말 살아남는 감독이 되고 싶어요. 이번 작품을 만들면서 진짜 죽을 수도 있겠다는 생각을 했거든요. (웃음) 좋은 감독이면서 어떻게 하면 살아남을 수 있을지가 앞으로의 과제예요.

---

21   주로 무협지에서, 심리적인 원인 등으로 인해 몸속의 기가 뒤틀려 통제할 수 없는 상태를 의미한다.

한지원은 1989년 서울에서 태어났다. 일러스트레이터이자
아티스트 람한과 쌍둥이 자매로 유년 시절 할머니가 운영하던
만화방에서 많은 시간을 보냈다. 그렇게 자연스레 만화와
애니메이션을 접하던 중 〈원령공주〉를 보고 창작자와 감독의
존재에 대해 궁금증을 품게 되었다. 서울예술고등학교 미술과를
졸업하고, 한국예술종합학교 영상원에서 애니메이션을 전공했다.

—

대학교 2학년 재학 중 〈코피루왁〉(2010)으로 서울인디애니페스트
대상을 수상하며 한국 애니메이션 신에 존재감을 각인시켰다.
〈생각보다 맑은〉(2015)은 〈코피루왁〉을 포함해 대학 시절 만든
네 개의 단편을 모은 옴니버스 장편으로, 필모그래피 중 첫 극장
개봉영화이자 그에게 '최연소 극장 애니메이션 감독'이라는
타이틀을 가져다줬다. 〈마법이 돌아오는 날의 바다〉(2022)로 또 한
번 서울인디애니페스트 대상을 수상했고, 선댄스영화제 단편경쟁
부문에 초청받았다.

—

스톤헨지와 함께한 〈뭐든 될 수 있을 거야〉(2018)와
아시아나항공의 호피 라거 광고 〈Be Hopeful〉(2022) 등 다채로운
협업 프로젝트를 선보이며, 국내 영상업계에서 독자적 예술성과
상업성을 함께 갖춘 창작자로 자리매김하게 된다.

—

넷플릭스가 한국에서 제작하는 첫 애니메이션 영화 〈이 별에
필요한〉(2025)이 공개 예정이며, 세계가 주목하는 한국의 신예
감독으로서 기대를 받고 있다.

—

Instagram @*yaha_han*

한지원
Jiwon Han

"

오늘 아침 지하철에서 스친 사람이 제 작품을 볼 수도
있는 거잖아요. 처음 극장에서 작품을 선보였을 때
취향을 알 수 없는 불특정 다수의 평가를 받는다는
점에서 보호받던 울타리가 사라졌다는 느낌도 들었고
고민도 많이 했어요. 하지만 비판적인 평가들은 잘
살펴보면 사실 이미 알고 있던 것들이기도 하더라고요.
집단지성이라는 말이 있는 것처럼 결국 다수의 의견을
모으면 아주 틀린 말을 하는 건 아닌 거죠. 크리틱을
수용하는 동시에 에너지나 창의력을 갉아먹을 수 있는
아픈 말에서 스스로를 잘 보호하는 것도 중요해요.
가까이에 진정한 조언을 해주는 동료들과 좋은
커뮤니티를 두려고 하는 이유이기도 하죠.

"

침체에 허덕이던 프랑스 영화계에
신선한 발상과 표현양식을 제시하며
영화의 질적 변화를 도모했다.

〈눈물의 여왕〉
—

2024년에 방영된 16부작 tvN 드라마.
배우 김수현과 김지원이 주연을 맡았다.

〈달은 해가 꾸는 꿈〉
—

박찬욱 감독의 데뷔작. 당시 인기 가수
이승철이 주연으로 출연해 화제를
모았지만 흥행에는 실패했다.

〈달콤한 인생〉
—

2005년에 발표한 김지운 감독의 누아르
영화. 범죄 조직 보스의 연인 희수를
감시하는 임무를 맡은 선우가 한순간의
선택으로 인생이 나락으로 떨어지자
복수극을 벌이는 내용이다.

대런 애러노프스키
—

미국의 영화감독. 〈파이〉로 1998년
선댄스 영화제 감독상을 받았다.
〈더 레슬러〉, 〈블랙 스완〉, 〈더 웨일〉
등의 작품을 선보였으며, 스타일리시한
연출과 심리묘사가 뛰어나다는 평가를
받는다.

〈더 베어〉
—

2022년에 디즈니+와 Hulu에서 공개된
미국의 코미디 드라마. 죽은 형이
운영하던 샌드위치 가게를 물려받은
유명 파인다이닝 셰프 카미의 고군분투와
성장을 다루었다. 주방에서 벌어지는 일을
생생하게 묘사하여 화제가 되었다.

〈데이브〉
—

2020년 FXX에서 방송된 시트콤.
신경증에 걸려 자신이 역대 최고의 래퍼가
될 거라 믿는 데이브의 이야기를 다뤘다.

데이비드 핀처
—

미국의 영화감독이자 제작자. 〈벤자민
버튼의 시간은 거꾸로 간다〉와 〈소셜
네트워크〉로 두 차례 아카데미 감독상
후보에 올랐다.

데포르메
—

만화에서 캐릭터, 스토리, 연출을 정확히
재현하기보다는 의식적으로 확대하거나
부풀리는 표현을 가리키는 말이다.

독립 애니메이션
—

독립적인 방식으로 만들어지고 상영되는
애니메이션. 실험적이고 예술적이며
때로는 난해한 모습을 띠기도 한다.

마케팅적 이해관계 속에서 만들어지는
상업 애니메이션과 반대 개념이다.

〈두사부일체〉
—
윤제균 감독이 직접 각본을 쓴 데뷔작.
기존의 조폭에 관한 고정관념에서
벗어나 불의를 보면 참지 못하는 주인공
캐릭터를 내세워 관객을 웃게 만들었다.

〈드라이브 마이 카〉
—
무라카미 하루키의 단편소설을 원작으로
한 하마구치 류스케 감독의 영화. 외도한
아내가 갑작스럽게 세상을 떠나는 일을
겪은 주인공 가후쿠가 연극제에서 전속
드라이버 미사키를 만나면서 과거의
슬픔을 들여다본다.

〈라스트 스탠드〉
—
김지운 감독의 할리우드 진출작.
슈퍼카를 타고 멕시코 국경을 향해
질주하는 마약왕과 작은 국경 마을을
지키는 보안관 사이의 혈투를 그렸다.

〈라이터를 켜라〉
—
장항준의 감독 데뷔작. 동네 백수
허봉구가 예비군 훈련에 갔다가
귀가하는 길에 전 재산 300원을
털어 구매한 라이터를 건달 양철곤에
뺏기면서 벌어지는 이야기를 그렸다.

레오 카락스
—
프랑스의 영화감독. 22세의 나이에 〈소년,
소녀를 만나다〉를 발표하며 주목받았다.
대표작으로는 〈나쁜 피〉, 〈퐁네프의
연인들〉 등이 있다.

로드 레이지
—
'도로 위의 분노'라는 뜻으로 도로에서
벌어지는 난폭 행동을 의미한다.

로테르담 국제영화제
—
네덜란드 로테르담에서 매년 열리는 국제
영화제. 1972년 제1회 영화제를 개최한
이래 매년 1월과 2월 사이에 열린다.
종래의 관습에 물들지 않은 독립적이고
혁신적인 영화를 높이 평가한다.

류현재
—
1973년생. 한국의 소설가. 2003년
방송작가로 데뷔해 〈MBC 베스트극장〉을
통해 다양한 드라마를 선보였고, 지금은
남해로 귀어해 반은 작가, 반은 어부로
생활하며 소설을 쓰고 있다.

〈리바운드〉
—
2023년 개봉한 장항준 감독의 영화.
부산중앙고등학교 농구부의 기적 같은
전국대회 연승 실화를 다뤘다.

리처드 위드마크
—
미국의 영화배우. 정신 이상적인
악한과 서부극의 강인한 캐릭터를 자주
연기했다. 대표작으로는 ‹황색 하늘›,
‹죽음의 키스›, ‹오리엔트 특급 살인
사건›등이 있다.

《마리아비틀》
—
킬러라는 직업을 가진 인물들을
중심으로 사회와 인간의 어둠과
욕망을 풀어내는 이사카 코타로의
《킬러 시리즈》 중 두 번째 이야기.
우연히 신칸센에 올라탄 킬러들의 쫓고
쫓기는 추격전을 그린 작품이다.

‹마스크걸›
—
동명의 웹툰을 원작으로 하는 넷플릭스
시리즈. 외모 콤플렉스를 가진 평범한
직장인 김모미가 밤마다 마스크로
얼굴을 가린 채 인터넷 방송 BJ로
활동하며 겪는 일대기를 그렸다.

마틴 스코세이지
—
미국의 영화감독 겸 제작자로 현대
영화의 거장. 1973년 자전적 이야기를
담은 ‹비열한 거리›로 비평적 관심을
받았고, 1976년 ‹택시 드라이버›로
칸 영화제 황금종려상을 수상하면서
세계적인 명성을 얻었다.

‹매그놀리아›
—
폴 토머스 앤더슨 감독의 세 번째 장편
영화다. 과거의 상처에서 벗어나지 못해
정신적, 육체적으로 병든 삶을 살아가는
다양한 인물들의 현재가 펼쳐진다.

멀티캠 시트콤
—
여러 대의 카메라를 동시에 사용해
장면을 녹화하는 시트콤. 대표적으로
‹프렌즈›와 ‹빅뱅 이론›이 이에 해당한다.

명필름
—
1995년 심재명 대표의 이름을 따서
지어진 대한민국의 영화제작사. ‹접속›,
‹해피엔드›, ‹공동경비구역 JSA› 등
다수의 흥행작을 제작했다.

무라카미 하루키
—
일본의 소설가이자 번역가. 1979
년 《바람의 노래를 들어라》로
군조신인문학상을 받으며 데뷔했다.
《노르웨이의 숲》, 《해변의 카프카》 등
다수의 화제작을 발표해 대중적 인기와
평단의 호평을 얻었다.

‹뭐든 될 수 있을 거야›
—
소녀의 꿈을 주제로 한 스톤헨지의 ‘Be
beautiful moments’ 캠페인 영상.

한지원 감독 특유의 독보적인 감성과 세계관이 돋보이는 작품이다.

영화제. 1996년부터 부산 해운대에서 해마다 개최되며 홍콩국제영화제, 도쿄국제영화제와 더불어 아시아 최대 영화제로 꼽힌다.

〈부산행〉
—
연상호 감독의 첫 실사 영화이자 좀비 블록버스터로 천만 관객을 돌파하였다. 정체불명의 바이러스가 확산된 가운데, 열차에 몸을 실은 사람들이 안전한 부산으로 가기 위해 치열한 사투를 벌인다.

북부 대공
—
로맨스 판타지 장르에서 흔히 등장하는 캐릭터의 한 유형. 척박한 환경, 추운 날씨 등 다양한 위협을 이겨내야 하는 북부 지역 특성상 '냉혹한 강자'로 묘사된다.

〈불릿 트레인〉
—
〈존 윅〉, 〈데드풀 2〉를 연출한 데이비드 리치 감독이 브래드 피트, 조이 킹 등 할리우드 스타들을 대거 캐스팅해 화제를 모은 액션 블록버스터 영화. 이사카 코타로의 《마리아 비틀》을 영화로 각색했다.

〈불어라 봄바람〉
—
한 건물에 사는 좀팽이 집주인 선국과

세입자 화정의 이야기를 담은 장항준 감독의 코미디 영화. 김승우, 김정은이 주연을 맡았다.

〈Be Hopeful〉
—
한지원 감독이 제작한 광고 영상의 타이틀. 아시아나항공이 외부 브랜드와 협업해 개발한 여행 콘셉트의 수제 맥주 '아시아나 호피 라거'를 홍보하기 위해 기획됐다.

빌리 아일리시
—
미국의 싱어송라이터. 열세 살에 오빠이자 작곡가인 피니어스 오코넬과 함께 작업한 곡들이 인기를 얻어 일약 스타덤에 올랐다. 침실에 음향 장비를 갖추고 녹음하는 방식과 흥얼거리는 창법 등으로, 일명 '베드룸 팝' 아티스트로 분류된다.

빔 벤더스
—
독일의 영화감독. 1984년 유럽과 미국의 본질을 중층적으로 드러낸 〈파리, 텍사스〉로 칸 영화제에서 황금종려상을 받았다. 〈베를린 천사의 시〉, 〈부에나 비스타 소셜 클럽〉, 〈퍼펙트 데이즈〉 등의 작품을 만들었다.

〈삼인조〉
—
박찬욱 감독의 두 번째 장편영화.

강도 행각으로 대체 가족을 이루려
하지만 실패하는 3인조를 다룬다.
사회풍자 성격이 두드러진 로드무비를
표방하면서도 웃음과 슬픔, 현실 비판이
접목된 독특한 코미디 형식의 작품이다.

작품이라는 찬사를 받았다.

⟨수상한 그녀⟩
—
황동혁 감독의 코미디 영화. 아들 자랑이 유일한 낙인 욕쟁이 할머니 오말순이 우연히 '청춘 사진관'에서 사진을 찍고 20대 젊은 시절의 외모로 변하게 되면서 겪는 유쾌한 일상을 그렸다.

스토리보드
—
영화, 광고 등을 제작할 때 이야기의 내용을 이해할 수 있도록 미리 일러스트나 사진을 사용해 시각적으로 정리한 것.

스튜디오 지브리
—
전 세계적으로 많은 팬을 보유한 일본 애니메이션 스튜디오. 1985년에 설립되어 미야자키 하야오 감독을 중심으로 ⟨이웃집 토토로⟩, ⟨센과 치히로의 행방불명⟩ 등을 제작했다.

스티븐 연
—
1983년생. 한국계 미국인 배우. 드라마 ⟨워킹 데드⟩의 글렌 리 역을 통해 세계적으로 이름을 알렸다. ⟨옥자⟩, ⟨버닝⟩ 등에 출연했고, ⟨미나리⟩에서는 제이콥 역을 맡아 미국 아카데미 시상식 남우주연상 후보에 오르기도 했다.

시네마테크 프랑세즈
—
프랑스 파리 12구에 자리한 영화 중심 복합 문화 시설. 영화 산업을 육성하고 관련 자료들을 체계적으로 보존하고자 만들어졌다. 전 세계에서 가장 큰 규모의 영화 자료 보관소로 전시회장, 박물관, 도서관 등의 시설을 갖추고 있다.

시드니 루멧(Sidney Lumet)
—
미국을 대표하는 거장 감독. 첫 영화인 ⟨12인의 성난 사람들⟩로 베를린 국제 영화제 황금곰상을 받았다. ⟨뜨거운 오후⟩, ⟨네트워크⟩, ⟨심판⟩ 등 영화사에 남을 다수의 명작을 연출했다.

시몬 드 보부아르(Simone de Beauvoir)
—
20세기 프랑스의 실존주의 철학자이자 작가. 《초대받은 여자》, 《타인의 피》, 《레 망다랭》 등의 작품이 있으며, 페미니즘의 고전으로 꼽히는 《제2의 성》을 저술해 반향을 일으켰다.

⟨싸이코⟩
—
앨프리드 히치콕이 감독이자 제작자로 참여한 미국의 스릴러영화. 1959년에 로버트 블로흐가 발매한 동명의 소설이 원작이다. 돈을 횡령해 도피 중인 마리온 크레인이 외딴 모텔의 주인인 노먼 베이츠를 만나면서 이야기가 시작된다.

마을을 배경으로 글램핑장을 만들겠다는
이들로 인해 자연과 공생하며 살아가는
주민들의 평화가 깨지면서 이야기가
전개된다.

애니고
—
애니메이션 특성화고등학교를
일컫는 말. 경기도 하남에 위치한
한국애니메이션고등학교,
울산애니원고등학교, 강원도 춘천의
강원애니고등학교 등이 있다.

애니메이터
—
애니메이션에서 동작과 움직임을
구현하거나 그리는 사람. 애니메이션
제작을 직업으로 하는 스태프를
총칭하는 말이기도 하다.

«애매성의 윤리학
(The Ethics of Ambiguity)»
—
시몬 드 보부아르의 책. 모순과 부조리로
가득 찬 세상에서 자유로운 실존으로
살아간다는 것의 의미를 캐묻는
내용으로, 국내에서는 «그러나 혼자만은
아니다»라는 제목으로 출간되었다.

앨리 웡
—
베트남-중국계 미국인 배우. 넷플릭스의
스탠드업 코미디 스페셜로 주목받았다.

‹성난 사람들›에서는 삶이 만족스럽지
않은 여성 사업가 에이미 라우를
연기했다.

앨프리드 히치콕
—
영국 출신의 영화감독으로 서스펜스
스릴러 장르의 거장으로 평가받는다.
절묘한 기법으로 관객의 마음을 움직이며,
대표작으로는 ‹현기증›, ‹북북서로 진로를
돌려라›, ‹싸이코› 등이 있다.

‹언던›
—
2019년 아마존 프라임에서 공개된 성인용
애니메이션 드라마. 케이트 퍼디와 라파엘
밥-왁스버그가 제작했다.

A24
—
미국의 중소 영화제작사로 독립영화계에
떠오르는 신흥 강자다. 작품의 독창성에
주목하며 재능을 가진 감독들의 자유를
보장해 상업적 영화에 지친 관객들에게
큰 지지를 얻고 있다.

AFKN
—
'American Forces Network Korea'의
약자로 주한 미군의 방송을 뜻한다.
미국의 다양한 문화를 접할 수 있어 한국
방송계와 대중문화에 영향을 미쳤다.
2001년 명칭을 AFN Korea로 바꾸었다.

NBC 페이지 프로그램
(NBC Page Program)
—
뉴욕과 캘리포니아에 있는 NBC
유니버설 스튜디오 (Universal
Studio)에서 1년 동안 수련생 개념으로
방송국의 다양한 업무를 접하고 과제를
수행하는 프로그램. 이곳에서 경력을
시작한 유명인으로는 배우 그레고리
펙, 방송인 레지스 필빈, 디즈니 전 CEO
마이클 아이스너 등이 있다.

〈여고괴담〉
—
박기형 감독의 공포 영화. 왕따, 학교의
부조리, 교사의 부도덕성을 다루며 잘
짜인 각본과 공포 장치로 호평받았다.

오타쿠
—
만화나 애니메이션과 같은 한 분야에
마니아 이상으로 심취한 사람을
이르는 말.

OTT
—
영화, TV 방영 프로그램 등의 미디어
콘텐츠를 인터넷을 통해 소비자에게
제공하는 서비스.

〈오픈 더 도어〉
—
장항준 감독이 만든 미스터리 스릴러

영화로, 미국 교민 사회에서 일어났던
실화를 바탕으로 했다.

와튼 스쿨
—
미국 아이비리그 대학교 중 하나인
펜실베이니아 대학의 상경대학이다.
1881년 사업가 조지프 와튼의 기부로
설립되었으며 미국 내 최고의 경영학
전공 과정으로 명성이 높다.

〈우연과 상상〉
—
제71회 베를린 국제 영화제에서 처음
공개돼 심사위원대상을 받은 하마구치
류스케 감독의 영화. 세 개의 단편
에피소드로 이루어진 작품이다.

〈원령공주〉
—
미야자키 하야오 감독의 애니메이션
영화로 원제는 〈모노노케 히메〉이다.
근대화 과정에서 숲을 파괴하려는
인간과 이를 지키려는 신의 피할 수
없는 싸움을 그렸다.

〈월하의 공동묘지〉
—
권철휘 감독의 공포 영화. 한을 품은
여성 귀신과 권위적인 남성 중심
전통사회의 충돌을 그려내며 한국 공포
영화의 정형을 제시했다는 평가를
받는다.

윤제균

—

1969년생. 부산 출신의 영화감독.
광고대행사에서 커리어를 시작해
2001년 ‹두사부일체›로 데뷔했다.
대표작으로는 ‹색즉시공›, ‹해운대›,
‹국제시장› 등이 있다.

‹이 별에 필요한›

—

2025년에 공개 예정인 넷플릭스
오리지널 애니메이션 영화. 우주인
난영과 뮤지션 제이의 세상에서 가장 먼
원거리 로맨스를 그린다.

이마무라 쇼헤이

—

1926년생. 일본 영화감독. 1960년대에
스즈키 세이준, 오시마 나기사 등과
함께 일본 영화의 뉴웨이브를 열었으며,
‹나라야마 부시코›와 ‹우나기›로 칸
영화제 황금종려상을 두 차례 수상했다.

이미연

—

1963년생. 한국의 영화감독. 김지운
감독의 ‹조용한 가족› 제작을 맡았으며,
‹반칙왕›에는 프로듀서로 참여했다.

이사카 고타로

—

재치 있고 유머러스한 문장으로
어두운 주제까지 경쾌하게 풀어내는

일본의 소설가. 2000년 «오듀본의
기도»로 신초미스터리클럽상을
수상하며 데뷔했고, 2002년 «러시
라이프»로 평단의 주목을 받기 시작했다.

이시바시 에이코

—

1974년생. 일본의 음악가이자 드러머.
호시노 겐이나 마에노 겐타 등의
뮤지션이 음반 작업을 할 때 적극
기용하는 연주자다. 하마구치 류스케
감독과 작업한 영화 음악을 통해 아시안
필름 어워즈에서 2년 연속 상을 받았다.

이어령

—

문학평론가, 언론인, 저술가. 1956년
«한국일보»에 문학평론을 발표, 신랄한
비평으로 기성문단에 충격을 주며
데뷔했다. 1988 서울 올림픽 개막식을
총괄 기획하는 등 분야를 가리지 않는
다재다능함으로 한국의 현대를 대표하는
지식인이자 석학으로 불렸다.

‹이터널 선샤인›

—

2004년에 개봉한 미셸 공드리 감독의
SF 로맨스 영화. 실패한 연애를 잊기
위해 기억을 지우는 과정을 특유의
영상미로 전달하며 상업적, 비평적
성공을 거두었다.

‹인랑›
—

애니메이션 ‹인랑›을 모티브로 한 영화로
2018년에 개봉했다. 남북한 정부가 통일
준비 5개년 계획을 선포한 혼돈의 2029
년에 통일에 반대하는 무장 테러단체
‘섹트’가 등장하며 이야기가 시작된다.

잉마르 베리만
—

스웨덴의 영화감독이자 연출가. ‹제7의
봉인›을 비롯해 ‹산딸기›, ‹침묵› 등 많은
작품을 남겼으며 무대극 연출 등에서도
활약하였다.

장뤼크 고다르
—

프랑스의 영화감독으로 1960년
‹네 멋대로 해라›를 선보이며 누벨바그를
이끌었다. 영화 연출의 클리셰 타파하고
급진적인 영상미학을 추구한 전위적
아티스트로 평가받는다.

장원석
—

비에이엔터테인먼트의 대표이사이자
유명 영화 제작자. ‹왕의 남자› 제작실장
출신으로 ‹범죄도시› 시리즈 등 다수의
흥행작을 제작했다.

저항성 운동
—

근력 및 근지구력을 발달시키기 위해
신체 또는 기구 등의 무게를 활용해
근육의 이완과 수축을 반복하는 운동.

제이크 슈라이어
—

미국의 영화감독. 대표작으로는 ‹로봇
앤 프랭크›, ‹페이퍼 타운›, ‹성난 사람들›
등이 있다. 칸예 웨스트, 켄드릭 라마
등 세계적인 뮤지션의 뮤직비디오를
연출하기도 했다.

‹조용한 가족›
—

1998년에 개봉한 김지운 감독의 데뷔작.
산장을 운영하게 된 여섯 명의 가족이
연이어 자살한 투숙객들의 시체 처리로
곤욕을 치르다 끝내 살인에까지 이르는
과정을 그린 블랙코미디 공포영화이다.

존 카사베츠
—

미국의 배우이자 영화감독.
독립영화계를 개척한 선구자로 1950
년대 이래 미국 영화에 지대한 영향을
끼친 감독으로 평가받는다. 즉흥 연기
같은 진취적인 실험정신으로 ‹그림자들›,
‹글로리아› 등의 대표작을 남겼다.

‹좋은 놈, 나쁜 놈, 이상한 놈›
—

2008년에 개봉한 김지운 감독의 영화.
세르지오 레오네의 ‹석양의 무법자›를
오마주한 작품이다. 1930년대 만주를

배경으로 보물 지도를 둘러싼 세 남자의
활극을 그렸다.

‹좋은 시절›
—
김지운 감독의 첫 시나리오. 1980년대
신군부가 정권을 찬탈하는 과정을
고등학교 폭력 서클 간의 암투로
은유했다.

‹좋은 친구들›
—
1994년 4월 24일부터 약 9년간
방송했던 SBS의 예능 프로그램. 장항준
감독은 이 프로그램의 구성작가로서
‘황당한 인터뷰’라는 코너의 인터뷰어로
활약하기도 했다.

주동우
—
중국의 배우. 베이징 영화대학 출신으로,
장예모 감독의 ‹산사나무 아래›를 통해
데뷔했다. 20대 나이에 최초로 중화권
3대 영화제라 불리는 금마장, 금상장,
금계장을 모두 석권했다.

주성철
—
전 «씨네21» 편집장. 이제는 없어진 영화
월간지 «키노»에서 경력을 시작해 영화
주간지 «필름2.0»을 거쳤으며, «그 시절
우리가 사랑했던 장국영», «우리 시대
영화 장인» 등의 저자이기도 하다.

증국상
—
홍콩 출신의 배우 겸 감독. 아버지가 배우
증지위로 영화계 집안에서 성장했다.
최동훈 감독의 ‹도둑들›에 출연했고,
영화 ‹안녕, 나의 소울메이트›와
넷플릭스 시리즈 ‹삼체›를 연출했다.

‹지푸라기라도 잡고 싶은 짐승들›
—
일본 작가 소네 게이스케의 추리소설을
원작으로 한 김용훈 감독의 영화. 각기
다른 절망적 상황에 놓인 사람들이
자신의 욕망을 위해 처절하고 위험한
일들을 벌이는 내용의 범죄물이다.

짱구
—
우스이 요시토의 연재 만화 «크레용
신짱»을 원작으로 하는 애니메이션
‹짱구는 못 말려›의 주인공. 전 세계 40여
개국에 방영되며 많은 사랑을 받아왔다.

‹초록물고기›
—
이창동 감독의 데뷔작. 주인공 막동이
막 군대에서 제대하고 고향 가는
기차에서 미애를 만나면서 벌어지는
이야기를 그렸다.

«카이에 뒤 시네마»
—
1951년에 창간한 프랑스의 영화비평지.

이 잡지에 비평가로 기고하던 프랑수아 트뤼포, 장뤼크 고다르, 에릭 로메르 등은 세계 영화사에 중요한 감독으로 자리매김했다.

칸 영화제
—

1946년 시작되어 매년 5월 프랑스 남부 칸에서 열리는 국제영화제. 베를린 영화제, 베니스 영화제와 함께 세계 3대 영화제로 꼽힌다.

코엔 형제
—

미국 독립영화를 대표하는 형제 영화감독 조엘 코엔과 이선 코엔을 일컫는다. 1984년 ‹블러드 심플›로 데뷔한 후 ‹바톤 핑크›, ‹파고›, ‹노인을 위한 나라는 없다› 등 유수의 작품을 만들어냈다.

쿠엔틴 타란티노
—

1963년생. 미국의 영화감독. 데뷔작 ‹저수지의 개들›로 성공을 거두었고, 두 번째 영화 ‹펄프 픽션›으로 칸영화제 황금종려상을 받았다. B급 문화와 예술 영화를 능수능란하게 오가는 독창적 연출 스타일로 잘 알려져 있다.

크랭크인
—

영화에서 촬영개시를 뜻하는 말. 구형 촬영기나 영사기에서 필름을 돌리기 위해 조종하는 손잡이를 ‘크랭크’라고 하는데, 크랭크를 돌리면 촬영이 시작되는 데서 유래했다.

크리스틴 초이
—

다큐멘터리 감독. 한국인 아버지와 중국인 어머니 사이에서 태어나 성장했다. 아시아계 미국인이 당면한 사회적 이슈를 날카롭게 다룬 다큐멘터리를 제작하며 ‹누가 빈센트 친을 죽였나?›로 아카데미 후보에 오르기도 했다.

클라이맥스 스튜디오
—

대한민국의 영상 콘텐츠 제작사. 중앙 그룹 SLL 산하의 레이블로 넷플릭스 시리즈 ‹D.P›와 ‹지옥› 등을 제작했다.

클린트 이스트우드
—

미국의 배우 겸 영화감독. ‹석양의 무법자›, ‹더티 해리› 등에 출연하며 큰 인기를 끌었고 맬파소 프로덕션을 차려 ‹용서받지 못한 자›, ‹밀리언 달러 베이비› 등의 영화를 통해 감독으로서도 높은 평가를 받았다.

트로이의 목마
—

트로이 전쟁 당시 그리스인들이 트로이

성에 입성할 때 사용했다고 전해지는
목마. 오늘날에는 표적이 안전하게
보호되는 요새나 적을 유인하는 책략을
일컫는다.

〈파도의 소리〉
—

2011년 3월 11일, 동일본 대지진으로
인해 피해를 입은 도호쿠 지역의
주민들이 재해에 관해 대화를 나누는
장면을 장시간에 걸쳐 찍은 다큐멘터리.

〈파묘〉
—

장재현 감독의 세 번째 장편영화.
거액의 돈을 받고 수상한 묘를 이장한
풍수사와 장의사, 무속인들에게
벌어지는 기이한 사건을 담은 오컬트
미스터리 영화.

파일럿
—

텔레비전 방송국 등이 스폰서 획득을
위해 시험 삼아 내보내는 프로그램.

폴 토머스 앤더슨
—

1970년생. 미국의 영화감독. 〈부기
나이트〉로 상업적인 성공을 거두었고,
〈매그놀리아〉, 〈펀치 드렁크 러브〉, 〈데어
윌 비 블러드〉, 〈마스터〉 등의 작품으로
평단의 찬사를 받았다.

프랑수아 트뤼포
—

프랑스의 영화감독이자 영화평론가.
누벨바그를 이끈 핵심 인물로, 영화
잡지 «카이에 뒤 시네마»를 중심으로
다방면에서 활약했다. 대표작으로는
〈400번의 구타〉, 〈피아니스트를 쏴라〉,
〈줄 앤 짐〉 등이 있다.

프로덕션디자인
—

스크린에 보이는 영화의 외양과 시각을
디자인하는 일. 색채, 소품, 세트, 의상,
로케이션 등 영화의 모든 시각 요소를
디자인하는 일. 크게 시나리오 분석,
자료 조사, 미술 제작으로 과정이
나뉜다.

«프리미어»
—

1976년 프랑스에서 시작해 미국 뉴욕에
본사를 둔 영화 잡지. 한국에서는
한국일보사가 라이선스 매거진으로
발행하다가 2009년 폐간했다.

한예종
—

한국예술종합학교의 줄임말. 전문
예술인을 양성하기 위한 목적으로
설립된 문화체육관광부 소속의
국립특수대학이다.

홀드백
—

한 편의 영화가 다른 수익 과정으로
중심이 이동할 때까지 걸리는 시간을
뜻하는 말로, 극장 개봉 후 영화의
온라인 서비스(OTT) 공개를 일정 기간
유예하는 의미로 쓰이기도 한다.

홍경
—

1996년생. 한국 배우로 KBS 드라마
〈학교 2017〉을 통해 데뷔했다. 영화
〈결백〉에서는 자폐성 장애를 가진 정수
역을 맡아 백상예술대상 신인연기상을
받았다.

황동혁
—

한국의 영화감독으로 대표작으로는
〈도가니〉, 〈수상한 그녀〉, 〈남한 산성〉
등이 있다. 2021년 넷플릭스 드라마
〈오징어 게임〉을 통해 전 세계적으로
이름을 알렸다.

황현산
—

문학평론가이자 불문학자, 번역가.
고려대학교 교수를 역임하고 《어린 왕자
》부터 《악의 꽃》까지 다양한 프랑스
문학을 번역했다. 저서로는 《밤이
선생이다》 등이 있다.

〈12인의 성난 사람들〉
—

시드니 루멧 감독의 영화 데뷔작으로
동명의 드라마를 영화화한 작품이다.
살인 혐의를 쓴 한 소년의 재판에서
11명의 배심원이 그의 유죄를 인정하는데
단 한 명이 반론을 제기하며 이야기가
진행된다.

2D 콘텐츠
—

2차원이라는 뜻의 'Two Dimensional'의
약자로 과거 만화나 게임에 광범위하게
쓰이던 도트 그래픽이 대표적인 예이다.

3D 애니메이션
—

3차원 공간의 동영상과 동영상 제작
과정, 제작 기법 등을 통틀어 이르는 말.
X축과 Y축으로 이루어진 평면 공간에
Z축을 추가해 배경과 사물, 캐릭터 등이
입체적으로 표현된다.

JOBS - FILM DIRECTOR
잡스 - 영화감독: 개인의 이야기로
보편적 집단과 소통하는 사람

2025년 1월 16일 초판 1쇄

발행인 조수용
사업총괄 김명수
편집장 박은성
인터뷰 박혜강, 서재우, 김재영, 박은성
편집 김재영
어시스트 이소연
디자인 최유원, 박세연
일러스트 Lucinda Rogers
교정 교열 현선
마케팅 김현주, 한윤하, 김서현
유통 김수연, 송수진, 김채린

펴낸곳 비미디어컴퍼니(주)
주소 서울시 용산구 대사관로 35 (한남동)
전화 02-540-7435
홈페이지 www.magazine-b.com
이메일 info@magazine-b.com

ISBN 979-11-93383-21-6 02070
ISSN 2951-1461

Printed in Korea
©Magazine *B*, 2025